年賺 18% 的

複)利)式)存)股)

\ 薪水救星 / 喬哥教你選對穩賺股，飆速累積本金，放大資產

籌碼喬哥的股市學堂 喬 哥—— 著

領略複利式存股
如原子彈般的威力

《打造小小巴菲特 贏在起跑點》／陳重銘

　　「股票是要用存的」簡簡單單的一句話，卻耗費我很長的一段時間才能體會。我在年輕時，努力學了很多的技術指標，勤勞閱讀報紙找資料，然而頻繁股票進出的下場，往往是挖東牆補西牆，最後不僅是空歡喜一場，更賠上了手續費與證交稅。

　　我看著媽媽帳戶中的台積電，每年就是放著領股利，怎麼報酬率比我辛苦研究、殺進殺出還要高？我究竟是為誰辛苦為誰忙？靜下心來思考之後，我覺得應該要回到原點。什麼是投資的原點，還不是靠著好公司幫我賺錢，如果抱到了好公司，為甚麼要殺進跟殺出呢？

　　投資股票的目的是要有錢，但是更重要的是要有閒，如果你白天忙著上班，晚上要照顧小孩，假日還要抱著一堆資料研究股票，吃苦

真的能夠變成吃補嗎？愛因斯坦說複利的威力大於原子彈，投資的重點在於挑出一檔好股票，然後耐心的存跟有紀律的用股利持續買回，就可以幫助你早日達到財務自由。

挑出好股票聽起來很簡單，但是臺灣有將近 2,000 檔股票，實際挑選起來卻是很困難。很高興能夠幫喬哥的《年賺 18% 的複利式存股》寫這篇推薦序，他在書中詳述了複利式存股的獲利方程式，舉凡存股的迷思、買進跟賣出的關鍵點、存股實戰技巧等，都有詳細的說明，只要讀者認真研讀之後，往後的選股一定會事半功倍。

過去半個世紀，臺灣經濟不斷的成長，但也造成通膨、房價高漲的副作用，「生不起、養不起、住不起、活不起」成為年輕人胸口永遠的痛，辛勞一輩子之後，退休金真的夠用嗎？會不會又要擔憂自己以後活太久？

富貴真的要人幫，2022 年的臺灣股市發放超過 2 兆台幣的現金股利，這就是讓你將來可以財務自由的源頭活水。然而，每個人都想在股市中提款，那麼誰是別人的提款機呢？股海在走，知識真的要有，與其花時間到處打聽明牌，花大把錢在股市中賭來賭去；還不如花點小錢買書，花點時間好好讀書，靠山山倒、靠自己才是最好的。請記住，讀書才是最好的投資，可以幫助你站在成功者的肩膀上，你才能夠看得更高更遠。

第一單元　複利式存股的致勝關鍵

第二單元 **複利式存股的選股指南**

第三單元　複利式存股的操作技術

第四單元   **關於存股的迷思**

喬哥：十年磨一劍，谷底翻身，複利式存股的投資學

2000 年初，一個傻小子，只因為聽當時的朋友說證券公司的薪水很好、股票很好賺，滿懷賺大錢的期待，一股腦跳入這個詭譎多變的股市叢林，開啟了高潮迭起的股市人生。

≫ 股市菜鳥的反向力量

對一位剛進證券公司的菜鳥業務來說，沒有操作股票的經驗、沒有金融本科的學習基礎、沒有交易技術、外表也沒有姿色、更沒有豐富的人脈關係。在這樣的情況下，要開發業務的方法，就是要勤跑客戶、並學習證券相關技能，充實自己的專業知識，而所謂的「專業知識」，就是分析股票的能力。

分析股票的技術就像水一樣，能載舟也能覆舟，用的好、用的順，容易賺錢；若用錯方法，賺不到錢不說，可能還會賠光積蓄。在券商服務的 14 年期間，不斷搞砸自己的交易，而產生大額虧損，不但賠光自己的積蓄，也把家人存放的金錢完全虧空，更因為「過度頻繁交易」，長期累積財務虧損近千萬元。

原本以為在這份自認為很熟悉、很專業、很擅長的領域中，工作資歷超過 10 年，相關技能的學習時間遠遠超過股市專家們提倡的「1萬個小時」，但得到的結果卻是讓自己過得更辛苦，原本應該是要「玩股票」，結果卻「被股票玩」，這是當初入行時所始料未及的。

商業雜誌《今周刊》董事長謝金河先生寫過一句話令我印象深刻，「力量總是往相反的方向貫穿」，我發現這反向力量也應驗在過去投資歷程上，**越想要贏，越想賺錢，結果錢卻離你越來越遠**。

人生活中總會出錯，可是買股票時都認為不太會做錯。其實越是頻繁的交易、越是短線的交易，出錯的機率越高，如果沒有穩定的心態與專業且精準的技術，很難在股票市場上累積出成果。

≫ 不要用股利來安慰失敗的投資

2013 年，某次拜訪客戶，聽到客戶媽媽投資股票的故事，當時「存股」還沒被廣泛討論，聽到長時間持有股票所產生的複利效果，可以獲得高額的報酬。半信半疑的我開始深入研究，結果發現，雖然獲利不如當時客戶媽媽說的驚人（當時這位媽媽確實說的很驚人才讓我產生「行動意圖」想去了解前因後果），但也確實有著不錯的報酬率。

於是，埋下了我想要積極研究存股的種子，如果把這方式應用在現在，稍加調整後，或許能創造出更好的報酬。時代在變化，若能在選股時加上主動性的調整（而不是像過去，只是固定投資一檔股票）。搭配簡單的技術分析，所產生的獲利將會是原本報酬率的二至三倍，這二至三倍的概念，就是年報酬可達 12% 至 18% 之間。

所有人買股票時最不喜歡的就是虧損，可是如同那句「力量總是往相反方向貫穿」，每個人買股票時都會遇到虧損，交易頻率越高，遇到虧損的機率越高。有經驗或有技術能力的投資人，在遇到虧損時會決定該停損出場或續留，但大多數的人通常不太會判斷，也不願意去賣出虧損的股票，因為一般人的觀念是賣出就是賠錢，不賣就沒賠。我懂大家都不喜歡賠錢的感覺，但如果股票一直跌呢？甚至跌到媒體出現負面新聞，跌到你都開始動搖了，該怎麼辦？

股票市場不是投資就是投機，交易次數越多、時間越短，性質就會越投機。進入股市的人比較喜歡一週賺 18%，而不是一年賺 18%，通常一週能賺 18%，甚至更多獲利的股票，都是強勢股或轉機股（或稱為投機股）。

這類股票一開始強勢上漲時，一般散戶還不太敢去買，想買時（或敢買時）股價已漲了幾天，價格也拉高一段，用追價的方式買，心態上就會比較患得患失。買了怕跌，沒買又怕續漲，容易把自己搞得精神緊繃，交易越頻繁的人也越容易有此情況。

以過去的客戶為例，如果股票追高後而出現套牢情況，最常聽到的就是：那就放著配股利吧！不過，你追高的股票都有股利可配嗎？還是只是安慰自己的話。

≫ 複利式存股降低恐懼提高獲利率

股票市場就是人性試煉所，利用人「內心恐懼」的弱點，來操縱你的情緒，讓你「害怕」若不買會賺不到錢、讓你「害怕」若不賣會虧更多錢，正因為「害怕」讓投資人做出錯誤決定，而賺不到錢。要減輕「害怕」，可以拉長交易的時間、減少交易的頻率、只買讓你放心的股票，除了能降低投資的難度與擔心的程度，還能提高獲利的穩定度。

越急著想在股市賺大錢，心態就越被「恐懼」所控制。「害怕」是做不了事，賺不到錢的。如何買股票不害怕？短線交易難度高，對投資新手而言，複利式存股是一個好的投資方向，我希望我能讓你站在存股的基礎上，朝賺取比存股更高的報酬率發展，就算最差的情況，只賺到存股的報酬率，也比放銀行強得多。

以 2014 年後開始投入複利式存股的實際案例中，即使報酬表現最差的案例，每年平均仍有 6% 報酬率。2021 年至 2022 年期間，台股走勢開始呈現緩慢、停滯、盤整，但複利式存股在 2021 年仍有近 20% 的報酬率，2022 年更有一檔股票上半年就達到 10% 的報酬率。這些都是應用複利式存股，選出安心股票、拉長投資時間、減少交易次數，並運用一些簡單的技術分析來買進與賣出就能達到的方式。

伊索寓言中有個母鵝下金蛋的故事：從前有一個貧窮的農夫養了一隻母鵝，有一天，母鵝忽然下了一顆金蛋，更讓這農夫喜出望外的是，從這一天開始母鵝每天都會下一顆金蛋，而農夫也因此變的越來越有錢。

我們沒有下金蛋的母鵝，不過投資存股的本金就是我們的母鵝，讓我們每年都能夠領有一顆金蛋（股利），母鵝越大隻，領到的金蛋就越多顆，如同本金越多，領到的股利也就越多。有些人母鵝已經養了二十年或三十年，每年領到的金蛋都很多顆，足夠讓母鵝的主人有一整年的花費了。不過對一些剛開始才正想養母鵝的人來說，初領到

的大約是小鵝蛋，有價值但還不是金蛋。如果你也想要一年領很多顆金蛋，得先花幾年時間，努力把母鵝養肥養大，如同努力把本金不斷累積擴大，這是前幾年要努力的方向。

如何花兩年半的時間，就能養出一隻能產五年金蛋的鵝，複利式存股就是飼養這頭鵝的「超級飼料」。

假設本金 10 萬，以存股 6% 殖利率計算，一年後本金成為 106,000 元，如果我們有機會在 2 至 3 個月就賺到這 6% 殖利率，我們就再一次投入到其他存股股票上，這次的本金就不是 10 萬而是 106,000。當 106,000 能再賺取 6% 殖利率時，總本金將來到 112,360，如果這是在一年之內完成，那一年賺的不是 6%，而是 12%。

【運用複利式存股放大本金】

次數	本金	獲利	本利和	獲利（%）
1	100,000	6,000	106,000	6%
2	106,000	6,360	112,360	12%
3	112,360	6,742	119,102	19%

元（單元）

如何在 2 至 3 個月內，就有機會先賺到 6% 殖利率報酬，是這本複利式存股要介紹的內容。努力把鵝養大，讓鵝未來能產出更多的金蛋則是我們的目標，一起用複利式存股這個超級飼料，來養肥我們的鵝吧！

>> 投資比的是氣長，看的是未來

這方式不適合短線喜歡衝來衝去，或是短時間就想賺 50%、100% 以上的人來投資，因為複利式存股求的是穩不是快，希望未來五年後、十年後甚至是二十年後，資產比原先增值，而不是今天就能賺多少或這禮拜就賺多少。如果你也曾經在近五年或近三年內賺到不少滿意的獲利數字，近一年內是否還依舊保持如此？還是過去賺的都賠回去了！

有句話「少即是多」，也可說是「慢慢來比較快」，投資比的是氣長，看的是未來，或許每年報酬跟短線客比可能算少，但時間拉長來看，在經過股市歷年的積累後，最終才能成為其他人不易追趕的對象。市場上大家耳熟能詳的存股大師，不也是經歷一段長時間的累積才有現在的果實嗎？

雖然說存股大師是經過一段時間的積累才有現今成果，但夠多的本金才是在積累的過程中，讓現有報酬有著亮眼結果的主因。在同等報酬率下，本金只有 10 萬元，跟本金有 100 萬元或 300 萬元所產生的獲利金額，有著明顯不同的心理感受。所以剛起步的朋友，要加快本金的累積，不能用傳統式存股，而是要用傳統式存股的基礎，複利式存股的架構，打造自己的未來。

我相信有許多人希望投資能像存股般穩健，但又希望把投資報酬拉大。如果可以的話，更希望十年間賺到的報酬，可以縮短年限在五年內就完成。我相信不管何時，只要願意開始加入，你也能達到想要的成果，甚至更好。

>> 打造自己的護國神山

這本書將會帶領你找出複利式存股的選股標準，並加入如何買進與賣出的技術分析，在適合交易的時機進行買賣，以提高整年度的報酬，創造別人認為不可能的 18%。為我們的未來創造一座屬於自己的護國神山，如果你也願意，那我們就開始吧。

人所有學過的東西都是有用的，只是在何時發揮出來而已，在券商工作的這十幾年時間，是我學習最多、經驗累積最豐富的一段時間。不論是公司安排的教育訓練、前輩在股市經歷的事件分享、客戶投資的交易理論，都是我在股市中學習、成長的養分與進步的點滴。

這本書出版的同時，我要感謝過去在學習過程中與業務活動中，一路栽培我、提攜我的師長、客戶、家人朋友們。因為有你們的支持與協助，我才能持續在市場上分享所學，並累積出足夠的能力，帶領更多後進一同創造更美好的未來。

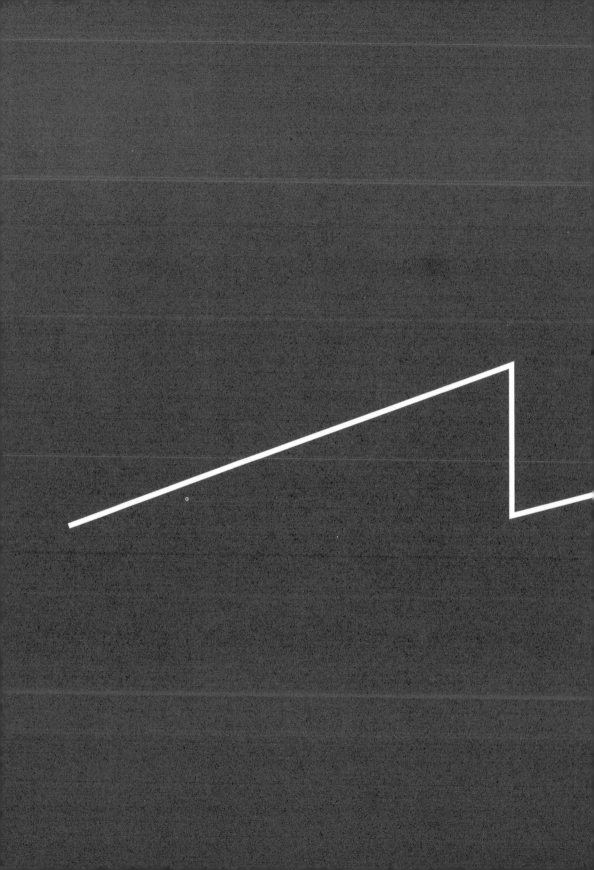

複利式存股的
致勝關鍵

1-1 ⌐
老派存股
沒告訴你的事

　　我在 2000 年進入股市的時候，根本沒有人在討論與分享「存股」這件事，不論股市行情好或是行情不好，會進到股市的人，大多數想賺的是「一天」6%，而不是「一年」6%。或許偶爾會去參加新股抽籤。為了使賺錢效益最大化，但不太會把自己的資金投入股市後，放個一整年都不動。

　　不過有些人可能因為工作的關係無法時時看盤；或是在短線交易上的效果一直做得不好；又或者發覺自己根本不適合做短線交易，於是在想追求穩定且可以不花太多時間看盤的情況下，選擇買進好的股票，每年參加配股配息且長期持有。結果在經過了二十年甚至三十年的時間，這些人或是他的下一代因此達成了財富自由。

所以，你如果看到某些存股達人或專家，每年能夠透過存股而領很多的股利，你要知道，他可能已經存了十至二十年以上；或是他投入高額的本金，買了很多張存股股票，才能讓你看到每年獲得這麼多讓人羨慕的股利。這往往需要時間還有可觀本金，不是一般小資族花三年或五年的時間，就能夠達到的財務目標。

世界局勢的改變，影響存股的獲利

你也想追求穩定、長期，而且可以不花太多時間看盤的長期投資計畫嗎？現在可以馬上開始，不過在開始之前，有些觀念我想跟你討論。

如果我們按照三十年前，或是二十年前的做法，買進後長期持有，每年賺配股配息，這方法過去行得通，但未來還行得通嗎？

現在時代變化的速度在加快，公司營運隨時可能發生變化！過去穩定配股配息的公司，現在還會穩定配息嗎？再過幾年，這家公司還會在市場上嗎？

這世界會因為科技的進步，疫情的變化，政局的動盪，讓經濟產生變化，產業出現衝擊。當潮流出現調整，我們能做的就是跟上腳步，而不是死守著那些我們自認為是好的做法或觀念。

≫ 以好樂迪為例

在 2020 年之前。每次只要有人問我非金融股類哪一張股票適合當存股？我想都不用想就直接回答：「好樂迪」。 因為這家公司每年獲利穩定，而且殖利率都在 5.5% 至 6% 上下，是可以當存股的好股票，也是複利式存股的好標的。

不過 2020 年因為疫情的關係，這家公司營收與盈利發生了變化，好樂迪公司在 2010 年至 2020 年這十年期間，每年約配現金股利 4 元左右，疫情發生後公司獲利大受影響，2021 年股利配發只有 0.5 元，預估 2022 年應該還拉不回 2020 年之前的獲利水準，這就是我說的世界局勢的變化。

金融股未來的挑戰

有人會認為傳統產業或電子業的變化大，所以會選擇穩定性較高的金融股。而從現在往回看，過去三十年來，不管是配股票或配現金，金融股確實是很好的投資標的。

曾經有朋友跟我分享，二十年前，他買了十張的玉山金，買完之後自己也忘了有買了這檔股票。這兩年營業員與他聯繫，跟他說玉山

金股票已漲了不少，要不要賣一些。這位朋友一查之下發現這二十年來，原本十張的玉山金已增加到四十幾張，不但股票增加。連股價也都創了新高。

雖然金融股有些殖利率會比傳統產業或電子股來得低一些，但對保守型的人來說，4%至5%的殖利率已讓他們覺得滿意，重點是金融股會讓他們覺得安心。

主要原因，或許是某些銀行隸屬於公股銀行（例如兆豐金、三商銀等），也有人因為小時候常常聽大人說銀行不會倒，就算出事情政府也會出手搭救之類的原因。

以目前來看，未來五年，金融股或許還是很好的存股方向，不過要注意的是，虛擬貨幣的出現，區塊鏈衍生出的「去中心化金融」（DeFi）、DAO（分散式自治組織）、加密貨幣、NFT（非同質代幣），這些對大多數人而言都還不太熟悉的東西，會不會對整個金融產業產生天翻地覆的改變？會不會產生大改變，我也不知道。

但對於關注金融股未來的人，應該要思考與注意。尤其是當你看到在玩這些新商品的人，大都是年輕、高學歷、有頭腦、有想法、有資金的年輕人後，你不得不去關注未來的變化與發展。

「一張股票護一生」的時代
已經過去

　　我不是否定老派存股方式不好？可是就像我前面說的，**世界變化速度難以想像，改變很有可能就只是在一瞬間。過去二十年或三十年才有的一個循環，現在可能三至五年就會有一個循環。**

　　所以我們要適時地調整自己，跟上變化的腳步。我希望可以透過「複利式存股」讓你隨時調整，發現變化。特別是對剛進入存股市場或是已進入一段時間的你，可以主動挑選讓報酬率提高的標的，加速本金的增加。

　　進入存股的行列已經比其他人慢，**如何用三年的時間就來達到六年的報酬率，是積極想讓本金變大的人要去思考的方向；而不是就想靠「一張存股來護你一生」。**

　　不過我相信現在的存股好手在經歷長時間存股後，操作方式應該也會變得靈活，你如果也使用傳統式存股，操作方式的思維也應該要更靈活。

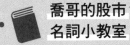

**喬哥的股市
名詞小教室**

- **DeFi**：去中心化金融（Decentralized Finance），區塊鏈上的金融服務。一般常見的線上交易需仰賴銀行或是可信賴的平臺作為仲介，DeFi 則是直接跳過這些傳統機構，使用者交易時是透過智慧合約自動執行，可以更直接且快速地進行 P2P 交易。

- **DAO**：分散式自治組織（Decentralized Autonomous Organization），可理解為區塊鏈上的企業或金融組織，成員往往是互不認識的網友，沒有核心的領導人物，卻可以像金融機構一樣運作，進行募資、持有財產與投資。運作方式是透過智慧合約規範組織章程與進行決策，區塊鏈也會確保交易紀錄公開透明。

- **加密貨幣**：區塊鏈技術所產生的數位貨幣。傳統的數位交易，仍須透過銀行來記錄與結算，加密貨幣則不需透過任何第三方機構，所有交易過程與紀錄都公開透明在區塊鏈上，讓 P2P 交易可以直接進行。

- **NFT**：非同質代幣（Non-Fungible Token），被用作數位資產的憑證，最常見應用於藝術品，但 NFT 的資產憑證功能不需侷限於藝術品或數位資產。一般的資產證明會有偽造、損毀與難以驗證的問題，NFT 則是記錄在區塊鏈上憑證，更容易驗證交易紀錄，也更難偽造。

* 資料來源：天下雜誌

1-2
複利式存股的
起心動念

什麼是複利式存股？

　　最開始，是源自於我 2012 年還在券商工作時，從一位客戶的媽媽身上得到的啟發。當時我到一位財力不錯的客戶家中拜訪，當天客戶的媽媽也剛好在現場，她本身也是一位愛好玩股票且非常資深的投資人，股市的資歷豐富；當時她跟我分享了一個自己覺得很懊悔的投資故事。

許媽媽的故事：
20 年累積驚人獲利的中鋼股

　　大約在 1993 年前後，許媽媽跟她的好朋友，每個人各拿台幣 200 萬元買進中鋼的股票，許媽媽跟我說，她當時買進股票後，大約賺 30 萬元左右就獲利出場。而這位好朋友在買進後就沒有賣出，直到講故事的當下，已經經過了快二十年，這位朋友依然持有當時買的股票。

　　在經過了這近二十年來的配股配息，許媽媽跟我說，這位朋友每年光領中鋼的股利就有將近 500 萬元（我認為她表達的是已領了快 500 萬元的股利，而不是每年領 500 萬元）。

　　聽完之後我非常的驚訝，200 萬元的股票，在二十年期間，居然能夠領到股利 500 萬元，換算大約是每年有 6% 的複利，心想是許媽媽太誇大其詞，還是真的能夠領到這麼多的股利。

　　回家後，我就把中鋼歷年來的「配股配息」，再用二十年來的股價平均算出每年的殖利率，發現許媽媽所言屬實，而且她朋友的中鋼股票在經過二十年配股配息後，股票張數已增加至原本買進時的一倍，未來只要不賣出股票，股票與股利還會每年持續累積，這複利的成效果然像核子彈的威力一樣大。

【中鋼歷年股利殖利率變化】

年度	現金股利殖利率（%）
2020	1.20%
2019	2.00%
2017	4.00%
2016	3.40%
2015	2.19%
2014	4.18%
2013	2.68%
2012	1.56%
2011	3.81%
2010	5.65%
2009	3.18%
2008	4.25%
2007	7.01%
2006	5.79%
2005	12.06%
2004	11.71%
2003	9.04%
2002	5.17%
2001	4.57%
2000	9.09%
1999	5.91%
1998	10%
1997	4.44%
1996	4.79%
1995	5.91%
1994	6.87%
1993	4.3%

＊ 2008 以前 5% 的報酬率是最低標，2008 年以後有 5% 就算是最佳報酬率。

複利式存股＝
加快累積本金＋拉高投資報酬率

　　這個投資方式其實就是現在大家都知道的「存股」：買進一家公司的股票，賺取每年的配股配息，只買不賣，這是一個可以累積資產的好方法。

　　不過我們也可以從左頁表格發現，隨著時間的變化，報酬率也會跟著變化，我們從 1993 年到 2007 年這十五年來看，如果當年度平均殖利率在 5%，這水準會是這十五年期間相對低標，意思是如果當年度配到 5% 算是年度最差的報酬率。

　　但 2008 年之後開始發生了一些變化，5% 已經是年度最佳的報酬率；意思是大多數的年度根本配不到 5%，所以如果在 2008 年後，把中鋼資產部位，轉移到其他能產生高殖利率的股票上，現在每年能夠領到的股利將會更高更多。

　　我在 2012 年聽到這個故事。如果我在那年想效法許媽媽的朋友，跟著買進中鋼，那接下來十年所獲得的報酬率將不到 3%。

　　為何有如此差別，因為產業會有經濟週期的變化，會導致公司獲利也跟著變化，投資報酬率也會跟著變化，過去產業可能十年才會有

一次的循環，現在或許三年就已經發生變化，所以適時調整手中的投資部位，就能拉高自己投資報酬率。

　　如果你現在才想跟著二十年前或三十年前就已經在存股的老前輩或老師學習，起步已經比別人慢那麼多年，又要因應現在上市公司以及投資環境不斷變化的情況，要如何**加快累積自己的本金，盡快跟上這些存股達人的腳步呢？**

　　我希望透過穩健的方式，讓大家在工作一段時間後，能夠靠這些股票擁有被動收入，這就是我創造複利式存股的起心動念。

1-3

複利式存股跟傳統存股、
ETF 的差別

　　或許有些人會說：我就好好學傳統存股的方式就好，為何還要學複利式存股？現在投資環境變化太快，時代、環境不斷在改變，因此我們不容易再用過去經驗去預期未來，過去大幅成長的公司不代表現在還會大幅成長，而現在大幅成長的公司，並不表示往後幾年還會持續成長。

　　時代變遷的週期在縮短，世界變化的速度也不是我們能夠想像的，公司如果沒跟上時代的腳步，幾年後公司或許將會產生重大影響。三十年前若用傳統式存股買進好公司股票放著（例如當時中鋼），放十五至二十年公司可能變化不大，還能賺進不錯的配股配息，不過如果從 2008 年金融海嘯後，才進場買進中鋼股票存股的話，你獲得的報酬率會比 2008 年之前買的平均報酬率少一半以上。

你喜歡當包租公，
還是喜歡當投資客

傳統式存股就是當包租公的概念。包租公的意思就是買進了一間房子，然後把房子租出去，每個月收取房租，只要房子沒有賣，就可以持續收取房租。如果運用在傳統式存股上，就是買進了一檔股票，然後每年賺取公司的配股配息，只要股票沒有賣，每年就可以收到股票股利。

包租公要賺的是房租，賺房租的工具是房子，傳統式存股要賺的是股利，賺取股利的工具是股票。包租公的房子會隨著房市好壞，房價跟著漲跌，而股票也會跟著股市的好壞股價跟著漲跌，對包租公來說他要賺的是房租，比起房價的漲跌，他更關心能不能收到更多的租金（當然房價上漲，包租公也會很高興）。

對傳統式存股的投資人來說，比起股價的漲跌，他更關心能不能收到更多的股利（投資人當然也希望股票能夠持續上漲），能持有越多的股票，每年就能配更多的股票股利，如同包租公有更多的房子，他就能夠收到更多的房租。

複利式存股是房市投資客的概念。投資客在市場上買了一間房子，經過整理後用更高的價格賣出，賺取的是房價的價差，投資客並不是

概念	包租公 傳統式存股	投資客 複利式存股
工具	房子 / 股票	房子 / 股票
獲利 來源	房租 / 股利	房價的 價差 / 股價 價差
時間	長期持有	可以 持續交易

真的想要擁有這間房子，他希望能在幾個月的時間內因賣房的價差，就賺到持有這間房子出租一年該有的投報率，就算萬一沒有順利的把這間房子賣出，依然可以靠出租賺取房租。

複利式存股，就是在市場上選進一檔存股標的，經過技術分析的篩選再做買進，運用台股每年除權息時特有的漲跌時機，在股價上漲時賣出，賺取股票的價差。

複利式存股並不是真的要擁有這張股票，只是希望能在幾個月的時間內，因股價的價差賺到持有這張股票一年該有的投報率，就算股價沒有順利漲上去賺到價差，依然可以藉著每年不錯的殖利率，留著賺取每年的配股配息。如果順利的話，有時候一年還可以做二至三次，等同高於傳統式存股二至三倍的報酬。

ETF 無法加快本金的累積

ETF 是「指數股票型基金」，可以稱為被動式基金，我認為這是一種懶人投資法。由於這種投資方式是分散投資，所以你獲得的股利報酬「不一定」會比買進單一股票報酬率來得高，而且還要扣除相關商品成本費用與稅率，無形中又會拉低報酬率，這種投資方式相對穩定，不過對於想要加快累積本金的人來說太慢了。

而且有一些 ETF 沒有配息，萬一哪天腦袋讓驢給踢了，不小心買到了沒有配息的 ETF，例如：槓桿型、反向型、期貨型 ETF，指數型或海外型也不一定會配，就像元大 S&P500（00646），2015 年上市以來均未配息。那拖慢你賺錢速度的不是 ETF，而是你自己。

如果你連找出一檔股票來做存股都懶的話，那就買 ETF；如果你想要加快本金累積的速度，傳統式存股不會比買 ETF 差，當然喬哥的「複利式存股」絕對會更好。

【三大存股的分析比較】

傳統式存股

1. 公司除權息所分配的股利所得會併入個人所得稅。

2. 注意公司前景是否發生變化。

複利式存股

1. 以不參加公司配股配息為主，但若走勢不如預期而參與公司配股配息，依然會有股利所得併入個人所得稅問題。

2. 股價拉高，殖利率拉低的股票就不考慮。

ETF 式存股

1. 注意是否有標註「收益分配」的欄目，才是有配息的 ETF。

2. 是否有穩定配息。

3. 留意券商收取的費用。

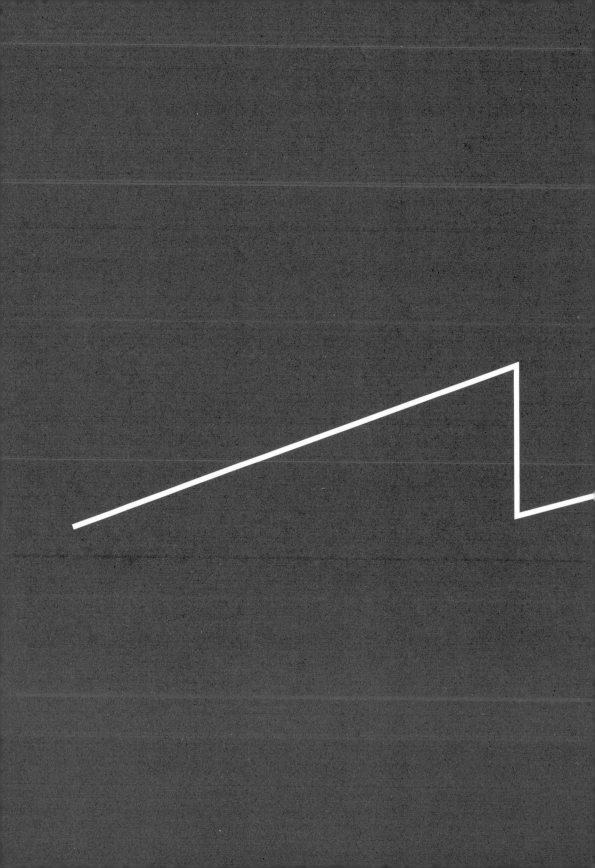

複利式存股的
選股指南

2-1
選擇存股的
基本條件

　　第一單元說到，想要賺房租的工具是房子，想要賺股利的工具是股票。不是每個房子都能夠租出好價錢，也不是每個股票都能配給我們滿意的股利，所以不管是傳統式存股或是複利式存股，在挑選存股標的時的條件大致上是一樣的（因為當複利式存股走勢不如預期時，操作方式可轉為傳統式存股）。

　　根據喬哥多年存股選股的經驗來說，我挑選存股有三個基本條件，只要選對股票，就可以跨出賺錢的第一步。

條件 **1**
優先選擇
有配發股票股利

條件 **2**
獲利穩定
的公司

條件 **3**
殖利率高的
股票

一、優先選擇有配發股票股利的標的，
   拉高本金

以前上市櫃公司流行配發股票股利，關鍵在於以前上市櫃公司股本普遍都不大，公司選擇把現金留下來做業務擴大的需求，把要配給股東的股利，以增資方式印股票給投資人。不過這個做法會使得資本額變大，近年來很多公司股本經過多年配股，股本已漸漸增大，股利配發方式多改以配現金股利為主。

以個人喜好來說，我還是比較喜歡優先挑選有配發股票股利的標的，配現金股利的次之。雖然現在大多數股票都以現金為主要配股利的方式，但對想要累積股票與本金部位的小股東來說，配股票才能增加持有股數（股票股利只有臺灣有，美股一般只有現金股利）。

以 2017 年信義房屋（9940）股利分派情況來說，當年度股利分派為 3.81 元，其中，現金股利占 2.5 元，股票股利占 1.31 元。若持有一張信義房屋的股票，配發現金股利 2.5 元，即代表配發 2,500 元現金，而股票股利 1.31 元，則代表會領到 131 股的零股。

當我參加了這檔股票的除權息後，我會領到 2,500 元現金（錢會匯入個人的銀行帳戶），而原本持有的 1,000 股信義房屋股票則會變成 1,131 股。如果我股票放著不動，等到明年再度除權除息的時候，

我參加除權息的基本股數就是 1,131 股，而不是原本買進時的 1,000 股，這就是我喜歡挑選有優先配發股票股利的原因。

如果股票只有配發現金股利，在沒有增加股數的情況下，明年度再參加除權息時，還是只有原本買進的 1,000 股，配到戶頭的現金就只是現金，不會轉成股數累積原有的持股數，除非我把配發的現金再拿來買零股增加股數，不然明年度配股的基本數是不會再增加的。

在存股的過程中，要做的是不斷累積股數。

■ 理財 TIP

配股票與配現金的差別

上市櫃公司每年在股利分派時，主要有「現金股利」與「股票股利」兩種，在每年的股東會結束後，公司會公布當年度要配發多少的股利，而這些股利中會有多少部分是屬於現金股利，會有多少部分是屬於股票股利。

一張股票有 1,000 股，不滿 1,000 股的都稱為零股。以持有一張股票 1,000 股來說，當配股票股利 1 元即代表配發 100 股的股票，若是配發現金股利 1 元，即代表配發 1,000 元現金。

如果我選的股票是有配發股票股利，時間久了，就算我忘了已持有這檔股票，它還是能夠每年不斷的幫我增加股數，在未來的每一年獲得比去年更多的配息，這是所謂「生股子」的概念。

二、獲利穩定的公司

依照公司法的規定，公司沒有盈餘是不能夠分配股利的。所以想要穩定的分配到股利，至少要先找到穩定獲利的公司。但配股配息穩定的公司，不代表就是獲利穩定的公司。

因為有些公司當年度沒賺錢，為了滿足股東期望，公司可能會拿保留盈餘（保留盈餘指的是公司歷年來賺的錢，沒有分配出去而累積下來的結果）或法定盈餘公積來配發。雖然公司一樣有配息，但獲利不穩定，對公司未來就會有疑慮。

另外，公司獲利越多，不代表一定就會分紅給股東越多，要了解公司會不會大方地把盈餘配給股東，需要觀察一項重要的指標，就是公司的「股息發放率」。

案例
分析　　**全國電子（6281）**

什麼算是獲利穩定？我舉全國電子（6281）做案例。

全國電近十年每年獲利在 4 元上下，十年的時間每年獲利維持 4 元左右，獲利可以算是穩定。每年獲利有 4 元以上 EPS，在配股利上平均也都有配 4 元左右的股利，這就是我說的先找出獲利穩定的公司，才有配息穩定的股利。

公司有賺錢才能分派股利給股東，但要分配多少比率給股東，每家公司的股息發放率也不同，有些很大方，有些會因為公司經營方式不同、產業不同，發放率也不同。

以**全國電（6281）** 2021 年稅後盈餘 6.05 元計算，2021 年配發 5 元現金股利，其股息發放率為 82.6%。

股息發放率的計算：
5÷6.05×100％ ＝ 82.6％

看得出來全國電子屬於大方的公司。

全國電（6281） 收盤價 85.5 元   ◾EPS ◾月均價

全國電（6281）　交易 85.5　漲跌 -0.30　漲跌幅 -0.35%　單張 5 張　總量 19 張

股利 所屬年度	現金 股利	股票股利		小計	合計
		盈餘配股	公積配股		
2021	5	0	0	0	5
2020	5	0	0	0	5
2019	4	0	0	0	4
2018	4	0	0	0	4
2017	4	0	0	0	4
2016	4.3	0	0	0	4.3
2015	3.7	0	0	0	3.7
2014	3.9	0	0	0	3.9
2013	3.5	0	0	0	3.5
2012	4.9	0	0	0	4.9
2011	4	0	0	0	4

挑選時要特別選「股息發放率高」的股票嗎？那倒也不一定。

有一些公司的屬性跟產業不同，所以也不能說股息發放率低，就是小氣。因為有些公司設備需要更新、技術需要研發，當公司需要資金來擴充營運的時，公司為了保留較多的資金，在股息發放率上也不會太高。針對穩定型公司，我們可以找股息發放率高一點；而成長型公司，可關注在有穩定的股息發放率。

對複利式存股來說，股息發放率並不是主要的參考因素，公司獲利才是主要的參考因素。公司獲利不能衰退，雖不要求獲利要大幅成長，但至少要持平。只要能維持過去的獲利水準，當技術面出現買進訊號的時候，就是介入的時機。所以，在選擇複利式存股時的基本條件，公司獲利穩定很重要。

■ 理財 TIP

股息發放率公式：股利 ÷ 每股盈餘（EPS）×100%

假設公司今年賺了 10 元，股利發放 7.5 元
股息發放率即 7.5÷10×100%=75%，
越接近 100 表示股息發放率越高。

三、殖利率高的股票

一般存股在挑選標的時，都會注意殖利率的高低。殖利率是什麼？是用來評估我投入的成本與獲得報酬（股利）之間的相對關係。

投入成本以買進成本（股價）計算，若還沒買進股票，可用當下的股價計算，股利可用當年度的股利分派，或過去三年或五年的股利平均。

有些公司隨著景氣循環，獲利能力也會有好有壞，配股也會因為獲利能力的不同而出現調整。所以在計算這類公司的殖利率時，單一年度的高股利，並不能夠視為下個年度也能夠配有這些股利，在計算殖利率時，我用平均法。

■ 理財 TIP

殖利率公式：股利 ÷ 購入成本 ×100%

以遠傳電信（4904）來做舉例。
股利所屬年度 2021 年預計配發現金股利 3.25 元，
若以 2022 年 2 月 23 日收盤價 70 元計算，殖利率有 4.6%。
計算方式：3.25÷70×100% ＝ 4.6%

案例 分析	泰銘（9927）

2021 年股利分派為現金股利 4.5 元，因為過去年度很少有如此高的配息，在我無法得知下一年度（2022 年）是否也能夠配出相同股利或更好的股利情況下，殖利率計算方式就會用近五年來的股利加總來計算平均殖利率。

近五年股利加總為：**4.5+1+2+1.38+3=11.88**

假設購入成本為 2022 年 4 月 22 日收盤價 48 元計算，

算出近五年平均殖利率：

11.88÷48×100% =24.75

24.75÷5 = 4.95

4.95 即為泰銘殖利率的參考值

泰銘（9927）成交 48.00　漲跌 +0.60　漲跌幅 +1.27%　單張 45 張　總量 619 張

股利 所屬年度	現金 股利	股票股利		小計	合計
		盈餘配股	公積配股		
2021	4.5	0	0	0	4.5
2020	1	0	0	0	1
2019	2	0	0	0	2
2018	1.38	0	0	0	1.38
2017	3	0	0	0	3

依我的操作方法，不管任何股票，在計算股利時，我不會單獨只計算一年的股利算出殖利率，我會用近三年跟近五年的股利來算出近三年與近五年的平均殖利率。

如果我發覺近三年與近五年的平均殖利率差不多，代表這家公司穩定性高，股利配發變化幅度不大。

如果出現近三年殖利率高於近五年，代表這家公司最近三年有成長，也有賺錢，股利也會配發得比較好。有可能是公司轉型或跨足新領域，讓新商機創造出新業績。

相對的，有些股票也會出現五年平均殖利率高於三年，正常情況，我們會理解為這家公司過去比較賺錢，而近年比較沒有成長，這是我們看到數字後會有的推論。

不過，有時候會有特殊狀況。

統一超（2912）

　　以 2022 年 4 月 25 日收盤價 272 元計算，近三年平均殖利率約 3.31，近五年平均殖利率約 4.47，是標準的近五年殖利率高於近三年殖利率的案例。不過我們可以從下圖表發現，從 2016 年到 2020 年平均每年獲利都在 8 元到 9 元間，除了 2017 年的 25 元。

　　為什麼 2017 年會突然暴增股利配發 25 元？

　　因為當年度統一超賣出上海星巴克股份，獲利全部計入當年度的盈餘當中，造成股利大暴衝。這種情況並非常態，所以近三年平均殖利率低於近五年，也不能解釋成公司出現衰退或沒有在成長，此時若要計算較準確的平均殖利率，應扣除掉 2017 年，參考近三年或近四年即可。

統一超（2912）成交 272.0　漲跌 +0.50　漲跌幅 +0.18%　單張 106 張　總量 1225 張

股利 所屬年度	現金 股利	股票股利		小計	合計
		盈餘配股	公積配股		
2021	9	0	0	0	9
2020	9	0	0	0	9
2019	9	0	0	0	9
2018	8.8	0	0	0	8.8
2017	25	0	0	0	25
2016	8	0	0	0	8

平均殖利率不管三年高於五年或五年高於三年，都要注意到公司是否有出現特殊的情況，因為特殊情況通常為一次性，或久久才發生一次，所以在計算時，理應把特殊情況扣除後再來計算會較準確。

　　回到複利式存股，在找尋殖利率高的股票時，我會優先找尋近三年殖利率較高的股票，從近三年殖利率高的股票挑選出來後，如果發現跟近五年平均殖利率是差不多的，那我會認為這股票穩定性不錯。

2-2

喬哥的獨家祕技：
存股名單的建置與整理

　　想像一下，自己是一支職業籃球隊或職業棒球隊的教練，為了要讓自己的球隊打出漂亮的成績單，勢必要有優秀的主力球員。同時，牛棚裡面也要有足夠堅強的陣容，預防主力球員表現不好的時候，牛棚裡面的生力軍能夠適時替補上來。

　　除了既有的陣容外，每年還需要在市場中去發掘有潛力的新秀，或者已在市場上一段時間，但表現漸入佳境的球員，然後把這些球員延攬到進球隊裡，壯大陣容。

　　所以喬哥的存股名單，會針對金融股與非金融股的股價趨勢，以及存股名單內各公司的財務體質進行管理。

　　至於如何管理？這是喬哥多年來征戰股市所累積的獨門祕技，投資股票最大的問題是知識短缺與學習知識的混亂，只有認知到自己的

不足，願意去學其他的知識，一步步耕耘，慢慢收穫，馬步扎穩了，即便股海風起雲湧，變化難測，依然可以穩健獲利。

選股池的建置：
過去五年都有配息的公司股票

在比賽的時候，教練不可能讓每個球員都上場去比賽，往往會根據球員的狀況，挑出最適合上場的主力球員。

就如同我不可能買下每一支股票，必須細選，並不是每一檔股票都會納入我的存股名單，**想要進入我的球隊，這家公司至少要在集中市場上超過五年**。原因是能避免買到市場上某些只想靠上市櫃撈錢的公司，一旦股票掛牌後，就開始賣股票換鈔票，而股價也會從當初掛牌的高價位，一路跌到便宜的價格。

我以「益通」股票為例。2006 年 3 月掛牌的太陽能類股「益通」（已下市），當初挾著太陽能產業榮景需求，在掛牌沒多久後股價就衝到 1205 元，登上當時臺灣股王之位。試問：股價能漲這麼高是公司賺很大、獲利很好？還是市場有「過度的期望」，或是這又只是另一個金錢派對？

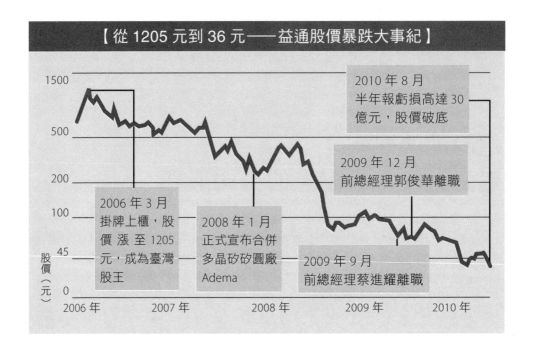

【從 1205 元到 36 元──益通股價暴跌大事紀】

2010 年 8 月
半年報虧損高達 30 億元，股價破底

2009 年 12 月
前總經理郭俊華離職

2006 年 3 月
掛牌上櫃，股價漲至 1205 元，成為臺灣股王

2008 年 1 月
正式宣布合併多晶矽矽圓廠 Adema

2009 年 9 月
前總經理蔡進耀離職

股價（元）

　　曾經在 2005 年到 2008 年連續四年每年賺逾一個股本的益通，股價卻在上櫃不到五年的時間從 1,205 元下跌到 40 元以下，最後甚至下市收場。這樣的公司就類似使用禁藥的球員，公司獲利短時間或許有不錯的表現，但經不起時間拉長觀察，而五年的時間，應該也夠讓心懷不軌的公司現出原形了。

　　在市場上有五年資歷，只能證明這家公司有符合球員資格，但想加入我的球隊，還要再經過一次選秀。

選秀的條件：**要過去五年公司都有獲利，而且過去五年公司每年都有配發股利。**

上市櫃公司中，要選擇過去五年有獲利，且有配發股票的很多，可挑選想觀察的公司，也可以把所有符合條件的公司都納入，我自己就選了 180 家非金融股類的公司與 35 家金融股公司，在自己「選股池」中。

將公司納入「選股池」後，我會再根據公司的財報資料，進行管理；首先，每間公司都要算出近三年與近五年的平均殖利率，再按照殖利率高低排序；其次，每季都要記錄公司毛利率、ROE（股東權益報酬率）、近四季營收年增率、單季營收年增率（QOQ）、負債比、盈餘等，這些都是屬於公司的財報資料，也是每間公司在評比時的觀察指標。

看懂財報資訊
指標數據千萬別漏掉

大多數人不太會看財務報表，面對一堆數字，也不知道該如何解讀，我能了解，因為我剛接觸時也是這樣，對一位非財務出身的人要搞懂專業的上市櫃公司財務報表，光要知道從哪下手，就已經是個問題，更別談如何解讀。

但是在架構存股的股票名單時，公司的財務報表是重要資訊，因為股票挑選的基礎是從基本面分析中找出財務穩健的公司。要了解公司財務是否穩定，除了公司內部員工或高階主管外，唯一的方式就是看財務報表。雖然在複利式存股會用到技術面分析，但技術面無法看出公司財務狀況，只能看出股價走勢。

我在建構存股名單發現並不是加入越多的財報資料就越好，重點在要知道怎麼解讀它，讓這些資料為自己所用，而不是看著這些資料，卻不知這些數字對公司的影響。我將觀察的指標與財報數據一一說明，同時針對電子類股、傳產類股與金融類股等不同特性而調整。

≫ 一、電子、傳產類股：看懂財報的八項指標

❶ 近三年的平均殖利率

把股票最近三年所配發的現金股利與股票股利相加，除以當下股價，再乘 100 再除以 3，則算出近三年平均殖利率。

計算公式：

（現金股利＋股票股利）÷ 股價 ×100÷3

例如：股票近三年現金股利共配發 10 元，

當下股價 56 元，近 3 年平均殖利率約為 5.95%。

10÷56=0.178，0.178×100=17.8，17.8÷3 ＝ 5.95。

更新時間　　每年 5 月 15 日第一季財報公布後，須把此數據再做一次更新。

❷ 近五年的平均殖利率

把股票最近五年所配發的現金股利與股票股利相加，除以當下股價，再乘以 100 再除以 5，則算出近五年平均殖利率。

計算公式：

（現金股利＋股票股利）÷ 股價 ×100÷5

例如：A 股票近五年現金股利共配發 17 元，

當下股價 56 元，近 5 年平均殖利率為 6.07%。

17÷56=0.303，0.303×100=30.3，30.3÷5=6.07，

更新時間　　每年 5 月 15 日第一季財報公布後，須把此數據再做一次更新。

❸ 毛利率

指商品賣出去之後扣除掉一些相關的成本費用後，還賺多少錢、有多少利潤。通常以百分比表示，百分比越高，表示利潤越好。

一家公司毛利率越高，當營收增加的時候，獲利就有機會跟著提升，而獲利提升股價與股利有機會跟著提升。

毛利率通常是越高越好，不過因為產業不同、公司不同，很難公平比較。在挑選時，有 15% 以上都是可以參考的公司，不過在觀察毛利率時最好搭配營收一起看，不然光是毛利率很高，可是營收卻一直在下滑，對公司來說這不是好事。

更新時間　　每季季報公布後更新。

❹ 單季營收年增率（QOQ）

營收又稱營業額，是所有收入的基礎，沒營收就沒獲利來源，營收增加，獲利才有可能增加，營收每月都會公布，但想看出營收真正成長趨勢可從季營收年增率觀察，因為季營收年增率可避開淡旺季影響。

我們必須看的是最近單一季的營收，與去年同期單季營收比較。

計算公式：
（單季營收 ÷ 去年同期單季營收 – 1）× 100%

單季營收年增率可做為短期營收成長動能的觀察。當單季營收年增率高於近四季營收年增率;可視為業績成長動能向上的訊號;當單季營收年增率低於近四季營收年增率,可視為業績成長動能向下的訊號。

更新時間 每季季報公布後更新。

❺ 近四季營收年增率

觀察最近四季的營收與去年同期的近四季營收數據做比較。

計算公式:
(近四季營收總和 ÷ 去年同期近四季營收總和 – 1)× 100%

近四季營收年增率可做為長期營收成長動能的觀察,與單季營收年增率搭配可作為業績成長動能指標。

更新時間 每季季報公布後更新。

❻ 近三年平均股東權益報酬率 ROE

當你買進一家公司的股票後,你便成為該公司的股東,公司要持

續的獲利，才能為股東帶來更高的報酬，股東權益報酬率就是衡量一家公司使用股東的錢所創造獲利的能力。

ROE 即代表公司自有資金，它是用來評估公司賺錢的效率，也是觀察公司的經營能力，也可以說公司為股東賺多少錢用 ROE 衡量。理論上，股東權益報酬率越高，表示公司為股東賺的錢越多，也代表賺錢效率越好。

股神巴菲特在看財報重點時，股東權益報酬率是他最重視指標之一， 他在挑選投資的公司時，最重要的條件，就是「ROE 必須達到 15%」，他不只看當年的 ROE，甚至還會往前幾年看是否有穩定成長。

所以，我們在觀察這個指標的時候，把過去三年來的股東權益相加總平均，如果三年平均後還有 15% 或超過 15% 的 ROE，可視為不錯的投資參考標的。

更新時間 每季季報公布後更新。

喬哥理財筆記
單季營收年增率與近四季營收年增率，其實可以不需要自己計算，上網 google 就能找到相關資料網站，可自行帶入數據，有些網站資料需付費，但是否要購買請自己評估。

❼EPS 每股盈餘

> 每股盈餘 EPS 計算公式為:
> 稅後淨利 ÷ 普通股在外流通股數。

　　EPS 每股盈餘所代表的是每股可賺多少錢,每股盈餘被視為每股最高可分配的股利金額。

　　為什麼 EPS 很重要?因為股價跟公司獲利能力有直接相關,公司有賺錢才能夠分紅給股東,雖然不是賺多少就分紅多少,但如果一家公司獲利能力太低,分給股東的紅利一定不會多。

　　在觀察公司的 EPS 時,我會去**觀察公司今年的獲利,跟過去三到五年獲利水準是否相當**,如果今年公司的獲利水準低於過去三到五年平均水準,那今年的股利分配與殖利率可能也會低於過去水準,像這類的股票,我就不會納入考慮的名單。

　　更新時間　　每季季報公布後更新。

58

❽ 負債比

　　公司的負債比指的是一家公司的總資產中有多少比例為負債，以百分比（%）表示，0% 表示公司無負債或接近零負債，100% 表示負債與總資產相等。

　　以傳統產業或電子業來說，在相同條件下，我喜歡挑選負債比在 60% 以下的公司優先。負債比對我來說，雖然不是最重要的指標（因為我注重公司獲利高於負債比）。

　　但如果一家公司負債比連續兩至三季呈現較大幅度的增加（例如負債比從 50% 跑到 60% 以上），可優先觀察公司是否增加資本支出擴大公司營運用，或是用於公司成長用途。如果不是，又沒有辦法判斷實際用途，可能會再參考其他條件，或者先不考慮。

　　並非所有公司負債比高就不好，上述所說的負債比，主要還是針對一般企業，對於金融業、租賃業或販售民生必需品的實體通路業，以及某些電子零件通路業，因業務性質關係是可容許較高的負債比，萬一挑選到這類的公司，還是要了解其公司特質。

　　更新時間　　每季季報公布後更新。

【各數值資料更新時間總整理】

每季季報公布後更新

- 毛利率｜稅後淨利率
- 單季營收年增率 （QOQ）
- 近四季營收年增率
- 當年度 EPS 每股盈餘
- 負債比

每年更新一次

- 近三年平均股東權益報酬率 ROE
- 近三年的平均 EPS
- 近五年的平均 EPS
- 近三年的平均殖利率
- 近五年的平均殖利率

➤➤ 二、金融類股：財報必須注意的兩大指標

金融類股的產業屬性與一般傳產、電子不同，**所以在「毛利率」這觀察指標上我會更改為「稅後淨利率」**。

❶ 稅後淨利率

這是獲利能力的分析。淨利率是觀察扣除成本、費用還有業外損益後淨利占營收的比例。由於淨利率包含業外損益，因此投資人應該特別注意業外損益來源。

> 更新時間　更新時間每季更新一次。

❷ 資本適足率

金融產業每家負債比率常常高於九成，這是因為銀行及壽險公司是吸收存款或保費去生利息或投資賺錢，他們的商業模式是以錢賺錢，所以負債比率常常超過九成，**以銀行主管機關的角度，主要是看資本適足而不是看負債**。

但由於資本適足率公式很複雜，所以金融股存股股票在這欄位，我們就不設觀察指標，有興趣的朋友可以把它加進去。

≫ 三、財報公布的時間

　　財報是重要的資訊，所以財報公布的時間，就是我們掌握到資訊的時間。在臺灣，財報是一季公布一次，一年當中有四季，我們常用 Q1、Q2、Q3、Q4 來代表四個季度。Q1 指的是第一季，期間為 1 至 3 月，Q2 代表第二季，期間為 4 至 6 月，Q3 代表第三季，期間為 7 至 9 月，Q4 代表第四季，期間為 10 至 12 月。

	一般公司	保險公司	金控、證券銀行及票券
第一季 Q1	5/15	4/30	5/15
第二季 Q2	8/14	8/31	8/31
第三季 Q3	11/14	10/31	11/14
第四季 Q4	隔年 3/31	隔年 3/31	隔年 3/31

★第四季（Q4）財報和年報在隔年的 3/31 前公布

　　依臺灣證券交易所規定上市公司申報財務報表期限，全年度財務報表（簡稱年報）需在隔年度 3 月 31 日前申報，即 2021 年全年度財務報表需在 2022 年 3 月 31 日前公告。而第一季至第三季財務報表則

依一般公司、保險公司與金控、證券、銀行及票券公司（除保險公司外的金融股）三種類別，分別有不同的公布期限。

惟金控公司編製第一季、第三季財務報告時，若作業時間確有不及，應於每季終了後 60 日內（5 月 30 日、11 月 29 日前）補正。

喬哥理財筆記

財報資料中，有些數據是每季就要更新一次，看起來似乎很複雜，其實每次更新的過程，也是找尋準備下手的目標。也唯有先從基本面上找到目標股票，技術面才有發揮的餘地。

挑選新球員：
新存股挑選的時機

　　一年當中有四季，每一季都會有財報公告，股票漲跌有它的規律性。複利式存股的方式是只要能夠掌握到它的規律性，順其自然，一年想賺兩趟 6%（共 12%）不是難事。運氣好的話還可以做到三趟（約18%），但挑選的時機與買進的時機需要計畫。

　　找尋複利式存股標的的第一個時機點是在第二季財報公布之後，也就是在每年的 8 月 15 日，把第二季財報資料彙整完畢後，就可以開始架構初步的觀察名單。

　　有人會問 8 月 15 日已經是第三季過一半了，這時才整理這些資料會不會太慢了？我必須說「其實還好」，因為證交所規定第二季財報公布的時間是在 8 月 14 日前，當然如果有公司在 8 月初就能先公告這些資訊那是最好，但有些公司就是會拖到最後一天才公布。

　　不過我認為這不影響到挑股票與進場的時間，因為根據過去經驗，10 月通常會是比較好的進場時機，所以這個時間的股票通常還可以等待與觀察。

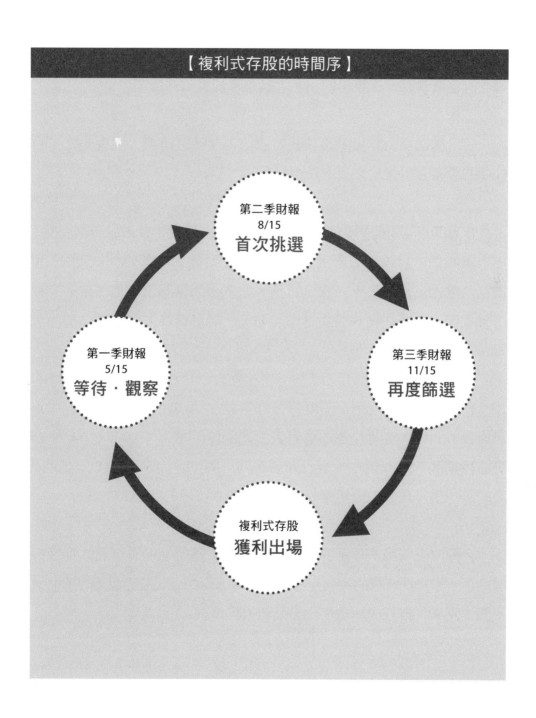

【複利式存股的時間序】

第二季財報
8/15
首次挑選

第一季財報
5/15
等待‧觀察

第三季財報
11/15
再度篩選

複利式存股
獲利出場

第二季財報公告，其實也就是半年報的公告，當我們掌握到半年報的財報資料時，下半年的預測大概也都能推估得出來。

第二季財報公布後是複利式存股的首次挑選時機，我會先把符合條件的股票先挑選出來後，開始觀察。

等到第三季財報再公布時再篩選一次，這時股票會再做一次調整，這也讓我們的目標與方向更明確。第三季財報公布的時間在 11 月 14 日前，所以，當第三季財報公布後，大致上要選的股票都已確定，接下來我們只要關注在我們所選的股票上，等著技術面開始轉強或出現買進訊號之後，就準備進場。

有些股票可能在第三季財報公布後就已經開始有表現，有些股票可能要等到隔年的第一季才會有表現，所以，在 8 月 15 日到 11 月 15 日這段期間，是我們在挑選股票的時間，而 11 月 15 日之後一直到隔年的第一季，是我們預期複利式存股要獲利出場的時間。

當行情來到第一季尾聲的時候，我就不建議進場買複利式存股的標的了，除非當時選的股票走勢不如預期，選擇留下它當傳統式存股，不然 1 到 4 月會是複利式存股的最佳出場時機。

如果你有順利完成這個循環，接下來就是等待第二季財報，也就是 8 月 14 日的時候，我們再來重新挑選標的。

存股名單更新的關鍵指標

剛剛前面說到第二季是開始挑選存股標的的時機，我們會根據財報提供的資料來做挑選，也講了一些觀察指標以及財報數據。為了讓大家能系統化地做快速挑股的動作，我要提供給各位快速簡單的挑股小祕訣，讓我們在第二季跟第三季財報公布後，可以運用這個方法直接選出值得作為複利式存股標的的股票。

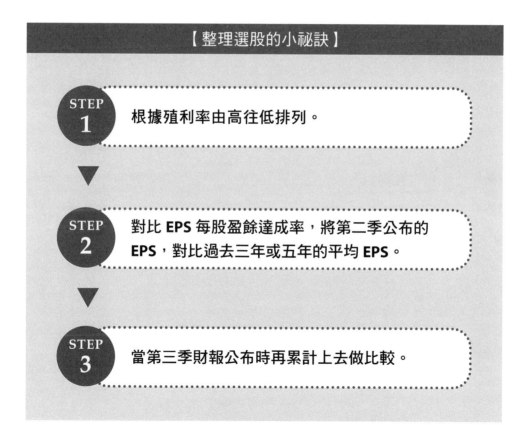

【整理選股的小祕訣】

STEP 1　根據殖利率由高往低排列。

STEP 2　對比 EPS 每股盈餘達成率，將第二季公布的 EPS，對比過去三年或五年的平均 EPS。

STEP 3　當第三季財報公布時再累計上去做比較。

案例
分析　　**新巨（2420）**

（1） 2021 年 8 月 16 日收盤價 39.9 元，當時三年平均殖利率約 6.27%，五年平均殖利率約 6.52%。（殖利率高於 5% 都是適合參考的股票）

（2） 接下來要決定是不是要選入名單，得先算出過去平均 EPS，近三年平均 EPS 約 3.12 元，近五年平均 EPS 約 3.22 元。（近三年與近五年 EPS 都差不多，代表獲利穩定）

（3） 根據財報資料得到當年度 Q2 的 EPS 為 1.68 元，我們可以試推估，半年獲利 1.68 元，全年度獲利應該有 3.36 元（1.68×2）。

　　3.36 元符合過去三年與五年的平均 EPS，有符合過去三至五年的獲利，就有機會賺到 6% 以上的殖利率，所以這股票可以選入觀察名單。

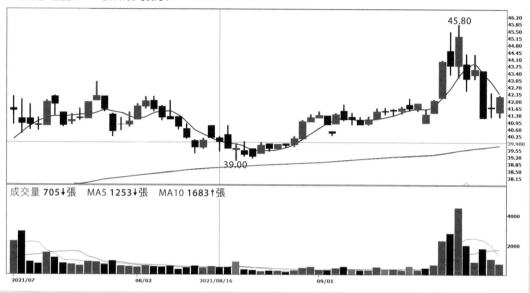

新巨（2420）

新巨（2420） 日線圖 2022/06/29
開 41.75 高 41.75 低 41.30 收 41.45 ↓元 量 45 張 -0.45（-1.07%）

━SMA5 **42.33**↓　━SMA100 **39.75**↑

成交量 **705**↓張　MA5 **1253**↓張　MA10 **1683**↑張

2021/8/16 新巨 39.9 元				
過去 3-5 年	3 年		5 年	
	平均殖利率	6.27%	平均殖利率	6.52%
	平均 EPS	3.12 元	平均 EPS	3.22 元
預估全年	Q2 財報 1.68 元 估全年 1.68 × 2 = 3.36 元			
期望	預估全年 EPS 3.36 元 符合過去三年至五年獲利水準 有較高機率獲取 6% 以上殖利率（報酬）			

精華（1565）

（1） 2021 年 8 月 16 日收盤價 342 元，當時三年平均殖利率約 6.77%，五年平均殖利率約 7.02%。（殖利率高於 5% 都是適合參考的股票）

（2） 接下來算出近三年平均 EPS 約 24.46 元，近五年平均 EPS 約 28 元。

（3） 根據財報資料得到當年度 Q2 的 EPS 為 8.69 元，我們可以試推估，半年獲利 8.69 元，全年度獲利大約在 17 元至 18 元（8.69×2 粗估），試問：17 元至 18 元的獲利有符合過去三年與五年的平均 EPS 嗎？

（4） 過去三年至五年平均每年獲利約在 24 元至 28 元間，很明顯今年獲利跟過去三年至五年的獲利有落差，既然如此，就算預期有 6% 至 7% 的殖利率，就資料評估應該會賺不到，所以這檔股票不用列入觀察名單。

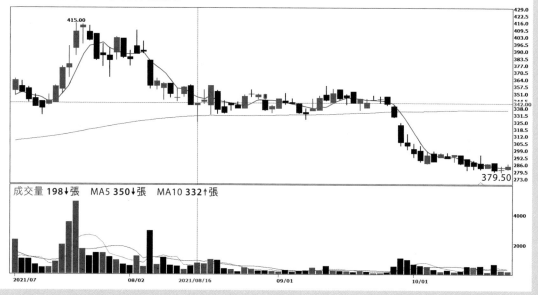

精華（1565）

精華（1565） 日線圖 2022/06/29
開 267.50 高 267.50 低 236.50 收 264.00 ↓元 量 57 張 -4.00（-1.49%）

— SMA5 283.10= — SMA100 335.64↓

成交量 198↓張　MA5 350↓張　MA10 332↑張

2021/8/16 精華 342 元				
過去 3-5 年	3 年		5 年	
	平均殖利率	6.77%	平均殖利率	7.02%
	平均 EPS	24.46 元	平均 EPS	28 元
預估全年	Q2 財報 8.69 元 估全年 8.69 × 2 = 17.38 元			
期望	預估全年 EPS 17 至 18 元 未符合過去三至五年獲利水準，Q3 再觀察 獲取 6% 至 7 % 以上殖利率（報酬）機率低 此股不考慮			

我會先**從高殖利率的股票開始，根據EPS的達成率挑出適合的股票，就可以陸續挑出觀察名單了**。從第二季財報公布後再開始選的原因，是因為半年報公布後，已經先觀察到 50% 的獲利狀況，進而可以推估全年。

獲利如果一開始就落後很多，後面二季要追就不容易，或許有可能後面會再竄出亮麗的財報。所以，我才會在第三季的時候（11 月 15 日）再篩選過一次，當第三季財報再篩選過後，該注意的股票大致已底定，剩下的就只是**等待技術面轉強後再準備進場了**。

如果當下這些股票已經有技術面轉強的訊號，就可以直接優先觀察這些股票，如果當下沒有任何轉強的訊號，還是要等到技術面轉強之後才能考慮進場。

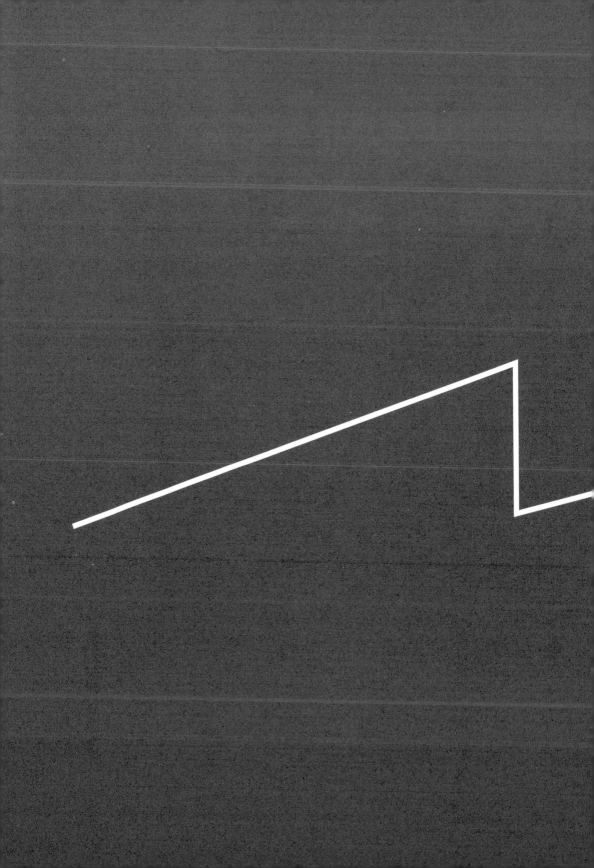

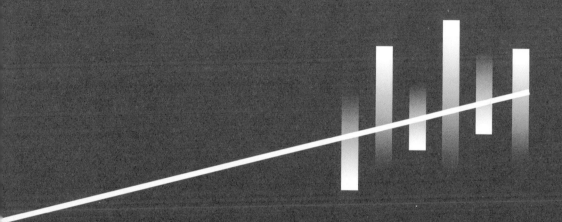

第三單元

複利式存股的
操作技術

線圖是地圖，
你一定要懂的交易訊號

了解K線：
股價的行車紀錄器

什麼是K線？

　　它是一種線圖，記錄某樣商品或某檔股票在一段時間內的價格變化，這一段時間可以是一週，也可以是一天甚至是一個小時，而影響價格變化的因素是「供需」。

➤➤ 當需求大於供給，價格就容易上漲

我以大家熟知的「滷肉飯」來做比喻說明，假設今天早上 9 點一開市，滷肉飯一碗價格是 30 元。結果有新聞媒體報導說，吃滷肉飯會讓人越吃越健康，胖的人常吃會變成標準體態，瘦的人常吃會變強壯且有六塊肌，瞬間大家餐餐開始吃起滷肉飯。滷肉飯需求變大，就算老闆（賣方）調高售價以每碗 35 元賣出，需求依然不減，且購買人潮不斷增加，有客人（買方）甚至願意用 40 元價格（或更高價）來買進，就是要能確保可以買到這項產品。

➤➤ 供給大於需求，價格就容易下跌

某天有報導指出，吃滷肉飯會有六塊肌是虛構消息，滷肉飯銷量（需求）開始減少，有些商家會因為過去需求大，甚至多開了好幾家門市（增加供給），結果因為買的人變少，商家為了能順利賣出更多滷肉飯，便會調降價格，藉由降價來吸引顧客，所以當供給大於需求，價格就容易下跌。

K 線就是把這些價格變化的過程記錄下來，從價格開始的起點、到走過的路徑、最後到達的終點；我們可以透過價格的變化來了解市場供需的情況，整根 K 線猶如行車紀錄器般，記錄價格的變化，與經歷的過程。

≫ 紅 K 線 v.s 黑 K 線

K 線主要分為紅 K 線與黑 K 線，紅 K 代表價格是由低至高，而黑 K 代表價格由高至低。每根 K 線都會有 4 個重要價格，分別是**開盤價、收盤價、最高價、最低價**。

K 線是記錄所走過的路徑，我們可以用開車的路徑來解釋。

假設我從台中出發，要往北上到台北，台中公里數在 90，台北公里數在 100，我從下往上走，由數字低往數字高的方向走，這個軌跡就會記錄為紅 K；台中是出發地點，這個開始的點（90）我們就稱為開盤價，台北是我到達的終點，這個結束點（100）我們就稱為收盤價，收盤價高於開盤價，就會顯示紅 K。

相反的，我是由台北南下走到台中，由上往下走，由數字高往數字低的方向走，這個軌跡就會記錄為黑 K。出發地、開始的地點台北（100）就是開盤價，終點抵達台中（90）就是收盤價，收盤價低於開盤價就由黑 K 顯示。

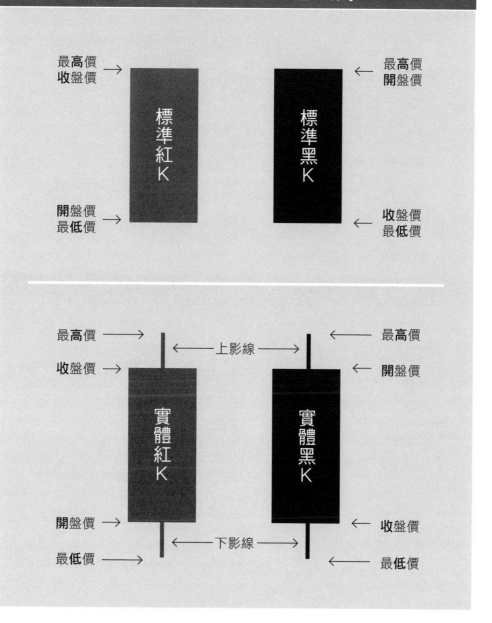

【認識 K 線：紅 K 線 vs. 黑 K 線】

標準紅K

最高價
收盤價

開盤價
最低價

標準黑K

最高價
開盤價

收盤價
最低價

實體紅K

最高價
收盤價

上影線

開盤價
最低價

下影線

實體黑K

最高價
開盤價

收盤價
最低價

>> 最高價 v.s 最低價

如果我們從台北（100）出發（開盤價），接著我們先到基隆（105）吃午餐，而基隆是我們今天所到達最北（最高）的地方，基隆（105）就是我們今天的最高價。

吃完午餐後開始往南（下）走，路上有人提議要去嘉義（85）吃火雞肉飯，於是晚餐就到嘉義吃火雞肉飯，吃完就返回台中住宿，那嘉義（85）就是今天所到最南（最低）的點，也就是最低價。

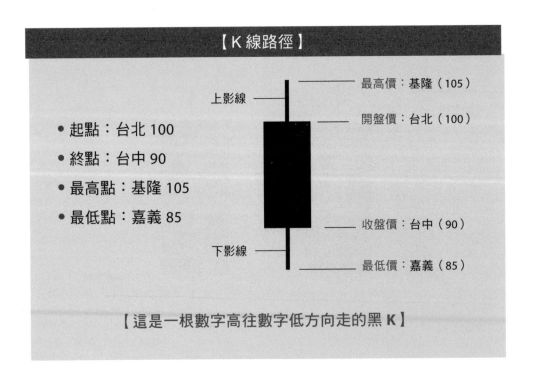

【K線路徑】

上影線 ────

最高價：基隆（105）

開盤價：台北（100）

- 起點：台北 100
- 終點：台中 90
- 最高點：基隆 105
- 最低點：嘉義 85

收盤價：台中（90）

下影線 ────

最低價：嘉義（85）

【這是一根數字高往數字低方向走的黑K】

105 是當日所走過最高的點位，85 是當日所走過最低的點位，所以我們可以從 K 線發現今天經歷了那些價格。

要從一根 K 線了解市場供需力道，除了這四個重要價格外，還有三個區域一定要知道，分別是上影線、K 線實體、下影線。

而 K 線實體越長，在走勢上則有重要的含義，因為重要的起漲或起跌都有關鍵的中長紅 K 或中長黑 K 出現。搞懂 K 線這幾個基本的重要元素，我們就能根據 K 線的形狀，感受價格變動的強弱，進而安排如何買進或賣出。

K 線的運用有著不同的變化，如果能在進入市場前就先學習相關 K 線投資課程，對自己會是非常有幫助的判斷工具。

■ 理財 TIP

以黑 K 線來說：
上影線即最高價到開盤價這段區域。
K 線實體即開盤價（起點）到收盤價（終點）這段區域。
下影線即最低價到收盤價這段區域。

上影線越長的 K 線，意味賣壓越沉重。
下影線越長的 K 線，則表示低檔有買盤支撐。

認識均線：
股價長中短期的變化

　　除了 K 線外，還有一個一定要懂的技術線圖，就是移動平均線，簡稱「均線」，在技術分析中以「線」的方式呈現（K 線則是以「棒」的方式呈現）。

什麼是均線？

　　計算過去一段時間內的平均價格，把這些價格接連在一起所構成的一條線；以 5 日均線來說，當下線的位置，就是過去 5 天股價的平均值。

為何要看均線？

　　移動平均線是利用統計學的移動平均原理，將過去一段時間內股票收盤價做算術平均，投資人可用今天價格為參考點，評估目前價格相對於過去一段時間的平均價格是高還是低，不過因為計算天期不同，評估出來的結果也會不同，為了要有更客觀的評估分析，就必須把短期、中期、長期的平均價格考慮進去，也就有了短期均線、中期均線與長期均線的設定。

≫ 短期均線

短期均線可分為以下三個時間的設定：

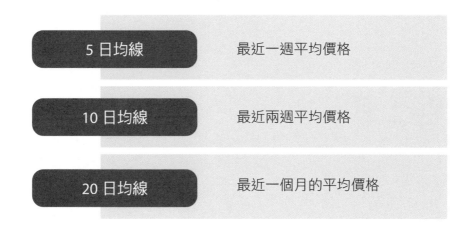

5 日均線	最近一週平均價格
10 日均線	最近兩週平均價格
20 日均線	最近一個月的平均價格

5 日與 10 日是金融市場常用來判斷股票強勢與弱勢的分界點，判斷上，「強勢股票」股價通常會沿著 5 日均線（有人會以 10 日均線為主）上漲，「弱勢股」則股價被 5 日均線（或 10 日均線）壓著翻不了身。

20 日均線也稱為月線，被視為價格轉折線；上漲的行情跌破月線也意味短線趨勢即將發生變化，需要留意。

股市諺語有說：跌破月線，先賣再說，寧可賣錯，也不要套牢。跌破月線站不回，多空易位少賺多賠。

好樂迪（9943）

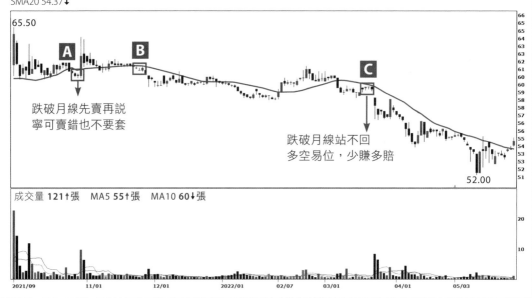

好樂迪（9943）

好樂迪（9943）日線圖 2022/06/15
開 55.70 高 55.70 低 55.50 收 55.50 ↑元 量 7 張 +0.25（+0.36%）

SMA20 54.37↓

跌破月線先賣再說
寧可賣錯也不要套

跌破月線站不回
多空易位，少賺多賠

成交量 121↑張　MA5 55↑張　MA10 60↓張

股價跌破月線，三日內站不回月線之上，股票先賣再說。

　　第一個 **A** 區股價跌破月線，且三日內站不回月線，股票先賣。雖然第四日有站回月線之上，但我們可以看 **B** 區，股價跌破 **B** 區時，一樣三日站不回月線。

如果根據 **A** 區跌破的經驗來判斷，選擇不賣出而想等下一個上漲時機再賣時，可以看到接下來的兩個月股價跌多漲少，形成套牢。

　　2022 年 2 月股價站上月線約一個月時間，3 月又跌回月線（如 **C** 區）之下，3 月跌破月線期間股價一度靠近月線，但終究連月線都沒碰到，跌破月線且站不回月線，多空已易位，股價易跌難漲。

≫ 中期均線

中期均線可用兩個時間來設定：

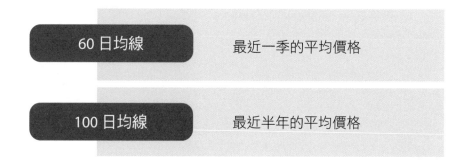

| 60日均線 | 最近一季的平均價格 |
| 100日均線 | 最近半年的平均價格 |

60日均線也稱為季線，季線被視為股價生命線，股價在季線之下不考慮買進，跌破季線也意味中期趨勢即將改變，短期間內股價將不容易上漲。

中期均線可以參考20日、60日當依據，不過市場上也有人把20日均線當短期均線使用，哪個好用？大家可依自己使用習慣來設定，但季線一定是以中期均線為參考。

100日均線，又簡稱半年線，有人會設定120日，但也有人不參考這條均線，直接以季線做參考依據。

長期投資股票卻沒有賺到錢是有原因的

我在證券公司待了十三、十四年，兩次萌生想離開這個行業的念頭，，原因是做了十三、十四年的股票，結果並沒有讓我賺到錢，不但沒有賺到錢還虧了不少本。

現在我了解到「虧錢」是一個結果，而所有的結果都有一個起因，如果我一再重複這個「因」，我就會得到相同的「果」。如果現在的做法跟過去一樣沒有改變，虧錢的結果也不會改變。所以想在股票市場繼續玩下去，改變過去十年來操作股票的結果，操作方式勢必要做調整。

看看哪些方式「對你來說」是行得通的，哪些方式是行不通的，先不要去管市場上眾說紛紜的操作方式，就專注在「對你來說」最行得通的操作方式就好，改變做法，相信會有不同的結果。

聯發科（2454）

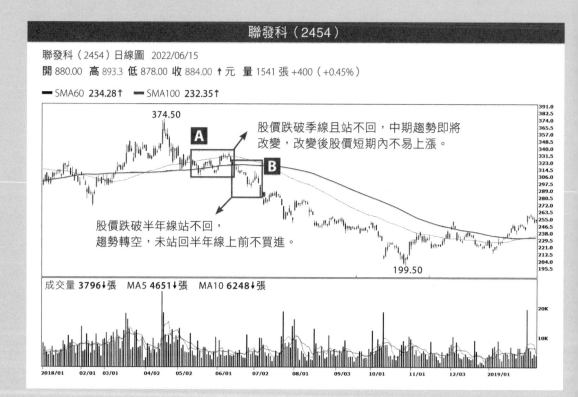

聯發科（2454）

聯發科（2454）日線圖　2022/06/15

開 880.00　**高** 893.3　**低** 878.00　**收** 884.00　↑元　**量** 1541 張 +400（+0.45%）

■ SMA60 **234.28**↑　　■ SMA100 **232.35**↑

374.50

A

B

股價跌破季線且站不回，中期趨勢即將
改變，改變後股價短期內不易上漲。

股價跌破半年線站不回，
趨勢轉空，未站回半年線上前不買進。

199.50

成交量 3796↓張　　MA5 4651↓張　　MA10 6248↓張

2018/01　02/01　03/01　04/02　05/02　06/01　07/02　08/01　09/03　10/01　11/01　12/03　2019/01

　　股價在季線之上，多頭上漲力道還會存續著，但若跌破季線或期間意圖站上季線卻沒站上，代表中期趨勢即將改變，若改變則股價短期不是走盤整就是下跌，已不適合做買進。

A 區即為股價跌破季線（灰色），意圖站上季線卻站不上的走勢，代表接下來趨勢即將改變，股票已不適合買。

　B 區股價已跌破半年線（紅色），代表股票已轉為空頭趨勢，在股價未站上季線或半年線前都不需要關注。

　跌破季線與半年線代表股價要走的是中期以上的整理，快則 6 個月，慢則一年以上。

　以聯發科案例，股價自跌破季線走空後，歷經 9 個月時間，股價才又站回季線與半年線之上，所以當中期均線走空後，至少 3 個月內不用理會這檔股票。

≫ 長期均線

200 日均線通常用於判斷最近一年的平均價格，簡稱年線。在國外金融市場 200 日線被視為最具代表性的移動平均線，股價在 200 日均線之上視為「多頭趨勢」，股價在 200 日均線之下視為「空頭趨勢」。

移動平均線交易策略是常用的技術分析交易策略，均線參數的設定常被廣為討論，有經驗的投資人也會有自己一套的短中長期均線參數設定。隨著市場不同，參數也要有所調整，調整不是隨便改一改，而是要有實際的多次測試。

投資台股的我們，也要有一套最具獲利性的參數可執行，我們課程上也會提供台股操作最具獲利性的參數，作為台股投資人研判買賣的交易依據。

後疫情時代，不管局勢好壞，保持平常心，等待機會，伺機而動

我在股票市場待了超過二十年，大多數的時間裡，局勢都是混亂的，過去就算沒有疫情，但也有金融風暴，現在有通膨的問題，過去也有通縮的問題，愈是混亂的局勢，機會也潛藏在其中，對於任何的局勢，都要保持「平常心」。

以中國歷朝中，哪一個朝代的英雄最多？對我來説算是東漢末年。因為東漢末年局勢混亂，戰爭四起，三國鼎立，因此英雄輩出。先不要説劉、關、張三兄弟，光是曹操手下的謀士與勇將，厲害的就一堆了。更別説還有諸葛亮、周瑜這類奇才，越是混亂的時代，越是人才輩出。

經驗是最好的老師，但經驗需要時間累積，只要持續待在市場，未來還是會遇到類似的局勢，而當你再遇到時，過去的經驗就會派得上用場。

股市永遠都會在，因為這是國家的生財工具，但如果你在混亂局勢中看不清楚或操作不順，那就休息。休息不代表不注意、不觀察，而是在等待機會，找尋可以下手的時機。

200日移動平均線是股票長期多空趨勢的判斷依據，雖然我們前面已說到跌破中期均線（100日線）股價已轉空頭，我們可以先做賣出或不再買進。但股價若一直無法站上長期均線，是否也代表公司營運出現瓶頸，且短時間無法立刻改善。

　　當股價在長期均線之下往下跌時，長期均線將成為股價重要壓力，若股價有上漲至長期均線區，通常會是漲幅的滿足點，當下就算漲過長期均線也不宜追買。因為長期均線是重要反壓，就算股價漲過長期均線也會跌回，不易一次衝上去，可利用跌回時再觀察是否有進場時機。

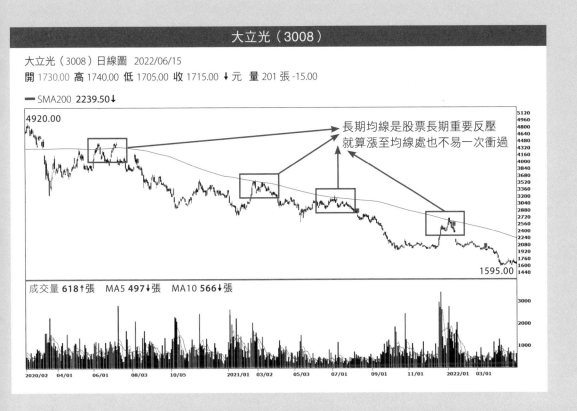

大立光（3008）

大立光（3008）日線圖　2022/06/15
開 1730.00　高 1740.00　低 1705.00　收 1715.00 ↓元　量 201 張 -15.00

━ SMA200 2239.50↓

長期均線是股票長期重要反壓
就算漲至均線處也不易一次衝過

成交量 618↑張　MA5 497↓張　MA10 566↓張

　　　長期均線轉空通常整理時間以「年」計，以大立光為例，自2020年初跌破長期均線後，至2022年6月仍未站回長期均線上。

趨勢判斷：
站對風口，迎風出擊

買賣股票最重要的是先看懂趨勢，趨勢是股價的好朋友，看懂趨勢，才不會有搭錯車的情況；剛開始學股票時，前輩以搭火車舉例說明，如何跟對趨勢並避免賠錢。

假設火車月台上停著兩輛列車，一輛往北一輛往南，你要搭的是北上的火車，但車站只有標出南、北兩個方向指示，而沒有其他任何資訊的情況下，你要如何知道哪輛列車要北上，哪一輛要南下？

要確保你沒上錯車，最簡單的方式就是當火車開始發動後，看它是往哪個方向移動，然後迅速跳上車，就能確保你往對的方向。

搭錯車只會讓你離目標越來越遠，跟對趨勢才能讓利益最大化。趨勢就是方向，假設趨勢是一條河流，我們只有順著河流，游起來才輕鬆，逆勢不但辛苦，也不容易賺到錢。

既然趨勢這麼重要，那一定要了解金融市場的三大基本趨勢，才能站對風口，迎風出擊。

【三大基本趨勢】

1 上升趨勢（也稱多方趨勢）

2 下降趨勢（也稱空方趨勢）

3 盤整趨勢

≫ 多方趨勢

【從 K 線看趨勢】

　　每一波上漲的高點都能越過前波的高點，而下跌時出現的低點並不會跌破前面低點，**形成峰峰高、底底高的走勢。**

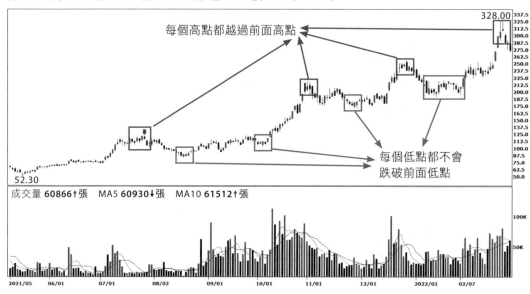

智原（3035）

智原（3035） 日線圖　2022/06/15
開 224.50 高 235.50 低 223.50 收 232.00 ↑ 元　量 25683 張 +6.50（+2.88%）

每個高點都越過前面高點

每個低點都不會
跌破前面低點

328.00

52.30

成交量 60866↑張　　MA5 60930↓張　　MA10 61512↑張

2021/05　06/01　07/01　08/02　09/01　10/01　11/01　12/01　2022/01　02/07

　　紅線區都是波段漲勢高點區，每個高點區都有比前面的高點區更高，形成峰峰高走勢。

灰線區都是每段漲勢修正後的低點區，每個低點區都有比前面的低點區更高，形成底底高走勢。

【從均線看趨勢】

多方趨勢的均線呈現是短期均線在中期均線之上，中期均線在長期均線之上，而股價會在所有均線之上。均線與股價的走勢都像在爬山一樣，向上挺進。

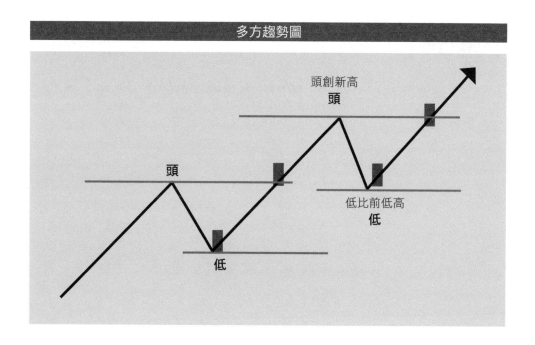

多方趨勢圖

【量能變化】

多方趨勢的量價關係是：股價上漲時成交量會增加，股價下跌時成交量會縮小，形成價漲量增，價跌量縮的走勢。

【操作方式】

在多方趨勢中想賺錢，建議股票操作只做多不要做空，要專注在找股票的買點而不是找股票的放空點。

【注意事項】

注意前波低點是否跌破，跌破代表趨勢有可能發生改變，漲勢將進入整理階段。

≫ 空方趨勢

【從 K 線看趨勢】

　　每一波股價下跌出現的低點，都比前面的低點還低，而股價上漲時出現的高點都無法越過前波高點，**形成峰峰低、底底低的走勢。**

華新科（2492）

華新科（2492）　日線圖　2022/06/15
開 107.00 高 108.00 低 104.50 收 105.50 S 元量 2764 張　-2.00（-1.86%）

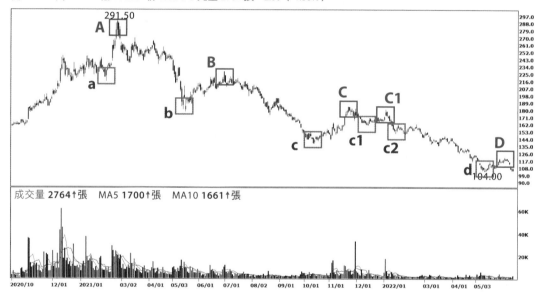

以華新科（2492）為案例，**A** 點為股價最高點，當股價跌到 **b** 低點時，股價已跌破 **a** 點，接著上漲到 **B** 點，**B** 點並未高於 **A** 點，此時已形成峰峰低、底底低的走勢。

股價從 **C** 高點跌至 **c1** 低點時，並沒跌破 **c** 低點，當價格再往上漲時要注意價格是否能再漲過 **C** 高點，若不能漲過 **C** 高點（如圖中 **C1** 高點），下跌時跌破 **c1** 低點機率大，由 **c2** 低點可看出價格又跌破 **c1** 低點，表示空方趨勢未改變，價格將繼續朝原下跌方向，跌破 **c** 點前進。

C1 區的漲跌是下跌趨勢中的小亂流，要有較可靠的判斷依據，這時可搭配均線，就能掌握趨勢的走向。

【從均線看趨勢】

　　空方趨勢的均線排列方式是，短期均線會在中期均線之下，中期均線會在長期均線之下，而股價會在所有均線之下。均線與股價的走勢像是滑雪一樣，一直溜下去。

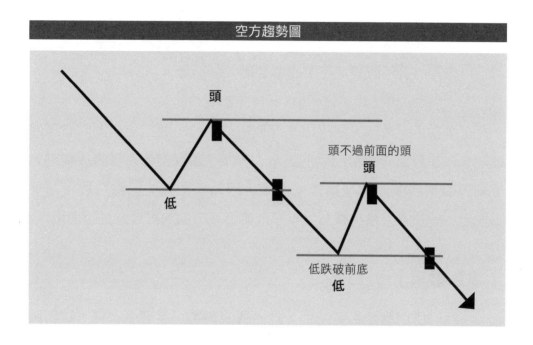

空方趨勢圖

【量能變化】

空方趨勢的量價關係是，股票下跌時成交量會增加，股票上漲時成交量反而縮小。形成價漲量縮，價跌量增的走勢。

【操作方式】

在空方趨勢中是不建議買股票的，你要做的是放空交易，或是利用空方趨勢的上漲時機把手中股票賣出。

在做放空交易時，要專注在等放空的點位，並注意相關的股票回補訊息。想買空方趨勢股票的投資人，請了解在空方趨勢未改變前，不要因股價跌多而想進場逢低買進，因為你認為的低點可能不是低點，耐心等待空方趨勢轉為盤整、或轉為多方趨勢再考慮是否進場。

【注意事項】

注意股價前高是否有越過，越過代表趨勢可能發生改變，跌勢將進入整理階段或翻多方趨勢。

➤➤ 盤整趨勢

【從 K 線看趨勢】

出現盤整有可能是波動極小，股價走勢極為膠著的橫向走法，或是股價在一段價格區間內上下波動，但在這區間內股價的每一波高點都過不了前波價格高點，低點也沒有跌破前波下跌時的低點，形成一個區域帶的橫向整理走勢。

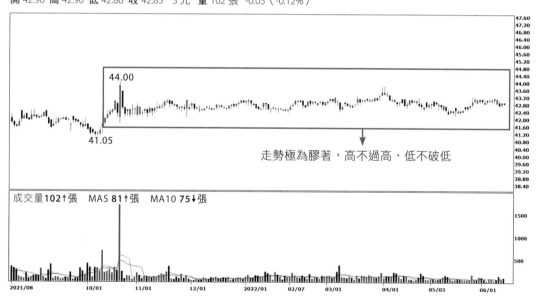

鎰勝（6115）〔圖1〕

鎰勝（6115）日線圖 2022/06/15
開 42.90 高 42.90 低 42.80 收 42.85 S元 量 102 張 -0.05 (-0.12%)

44.00

41.05

走勢極為膠著，高不過高，低不破低

成交量102↑張　MA5 81↑張　MA10 75↓張

如鎰勝（6115）沒方向的盤整，高點不過高，低點也不破低的走勢，股價走勢極為膠著。

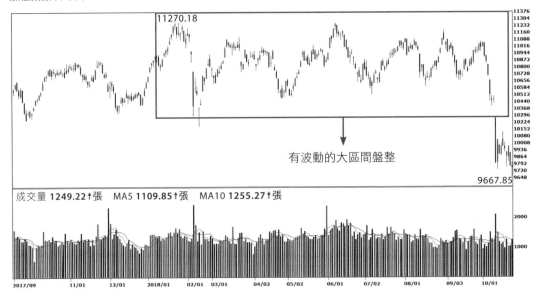

加權指數〔圖2〕

加權指數 日線圖 2022/06/15

11270.18

有波動的大區間盤整

9667.85

成交量 1249.22↑張　　MA5 1109.85↑張　　MA10 1255.27↑張

又如台股 2018 年的走勢一樣是盤整趨勢，但波動幅度較大，屬於區間大盤整，高點不過高，低點不破低，直到價格過高或破低，趨勢才會出現。

【從均線看趨勢】

　　盤整趨勢均線通常會糾結在一起，或是看到短期均線會在中期均線或長期均線間，上上下下起起伏伏穿梭，讓人看不出明確方向。

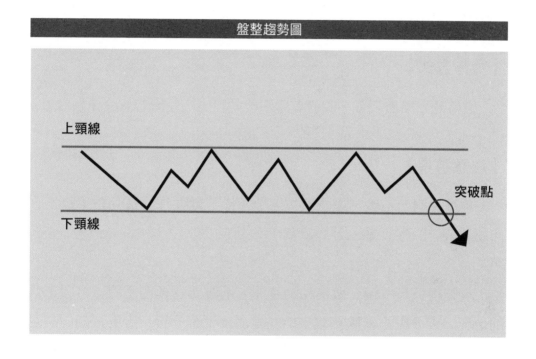

盤整趨勢圖

【量能變化】

盤整期間通常量都不大,但出量時就要觀察價格是往上漲或往下跌,這時量有指引方向的意味。若盤整期間成交量都高於過去均量,此時應該警惕為何量出不漲,要去思考是否有下跌的可能性出現。

【操作方式】

急漲急跌要做反向,股價有急漲要站賣方,股價若急跌要站買方。

【注意事項】

急漲後開始不跌,或急跌後開始不漲,就要注意慣性是否改變,而趨勢可能即將改變。

盤整趨勢是不適合做交易的時間,因為處在多空不明、方向未清的情況,大多數人喜歡在盤整期間臆測接下來的行情走勢,如同在月台上猜哪一台列車會北上或南下,而在列車尚未發動時就先坐上車等待,萬一車走的方向與自己臆測不同,做錯車而又不願下車,那就會產生較大的虧損。

在還沒確認好方向前,倒不如等列車開始移動,趨勢確認開始轉為多方趨勢後,再選擇買進,會是較穩健的做法。

3-2

複利式存股的
買進關鍵點

　　傳統式存股著重長期持有，並賺取每年的配股配息，短時間並不會賣出，所以買進時機可以因為股價下跌導致殖利率拉高，長期投資效益顯現而進場買入；或是單純想買入持有，至於技術面是好是壞不是主要考慮因素。

　　複利式存股則不同，複利式存股期待的是用較短的時間來換取相同的報酬，運氣好的話，甚至還能賺取高於兩倍以上的報酬，持有時間不期待長期持有，如果能在每年除權除息前就達到預期報酬，就賣出持股且不參與除權除息。

　　但因為期待股票進場後就能開始上漲，所以買進時機需要技術分析輔助，但技術分析僅是輔助進場時的判斷，何時才是觀察這些股票的時機呢？喬哥有自己的獨家祕笈。

選股期 vs. 買進期

「選股期」分析基準以基本面為主,在第二季財報公布之後開始挑選,以第二季公司獲利做推估,是否有達到過去三至五年每年的平均獲利水準,有達到或高於過去獲利就選入,當下的預估獲利達不到就剔除,等第三季財報公布時再調整一次。第三季財報公布後,通常一整年的獲利大致已有輪廓,除非有特殊情況,不然第四季財報不會有太大的變化,那整年度的獲利已隱約成形。

「買進期」分析基準以技術面為主,根據「選股期」挑選的股票,確認股價走勢已轉成多方趨勢並出現進場訊號後,開始進場。

「選股期」選到的股票並不是選上就適合買進,有些股票挑出來之後,股價走勢還是持續向下跌。一個正在向下跌的股票,不能因為股價變得比較便宜,就想進場買進。

■ 理財 TIP

多方趨勢

- 股價在 100 日(半年線)線上方
- 5 日線在 100 日線上方

或許傳統式存股可以因為股價下跌，殖利率拉高，基於長期投資的心態進場買，但複利式存股希望股價在除權除息之前，賺到當年度的殖利率後就出場。所以在挑選股票的條件上，一定是要多方趨勢的股票才容易達成年度預計獲利目標，才是值得買進的股票。

5日線 vs.100日均線

5日均線代表的是過去5天該股票收盤價的平均價格，股價在5日均線之上或5日均線之下，主要反映出股價在這5日內的強弱與趨勢。

若股價都在5日線上，表示近5日買股票的人多處於獲利階段，股票在近五日也是較強的走勢。

相反的股價走勢一直處於5日均線之下，也反映出近5日買股票的投資人多處於虧損情況，股價走勢疲弱，不是適合進場的時機，所以站上5日線是股價短期轉強訊號。

100日均線代表的是過去100天該股票收盤價的平均價格，100日線也被稱為「半年線」，反映股價在這100個交易日的強弱與趨勢，屬於中長期的走勢觀察。

一條朝上的100日均線，當遇到股價下跌時，就算跌破100日線，100日線依舊可以是股價的支撐，支撐股價下跌後能再往上漲的力道。但若股價跌破100日線，往上漲時，價格卻漲不回100日線之上，那意味著股價漲勢已轉弱，中長期多空趨勢將易位。

100 日線反應不像 5 日線那麼靈敏、快速。如果把 5 日線比喻成機車，那 100 日線相當於聯結車，機車想左轉或想右轉可以快速反應，如同股價短期上漲或下跌，5 日均線可以依據股價漲跌靈敏的轉上或轉下；可是聯結車無法立刻掉頭轉向，就算要轉向，所花費的時間也比機車要花費更多時間。

所以要讓一條 100 日線改變趨勢方向，不是股價漲個 3 至 5 天，或跌個 3 至 5 天就能使均線做反向轉變，而是要花更多的天數才能確認趨勢方向是否已改變。但如果趨勢方向一經反轉，短時間是不會再變的，所以 100 日線對股價的多空是重要的分水嶺。

進場訊號確認

Ⓐ 股價是否在 100 日線上

按照多空趨勢的劃分，股價在 100 日線之上屬於「多頭格局」，股價在 100 日線之下屬於「空頭格局」。

多頭格局股票買進後上漲機會較高，空頭格局股票買進後下跌機會較高，我們希望買進後股價容易上漲，就要挑多頭格局股票。

Ⓑ 5 日線是否在 100 日線上或即將超越 100 日線

5 日線在 100 日線之上，或即將穿越 100 日線代表均線是多頭排列。5 日線在 100 日線之下是屬於空方趨勢的均線排列。若股價在 100 日線之上，而 5 日線卻在 100 日線之下，當股價只要稍一轉弱或下跌，5 日線隨即又會往下走。

空方趨勢下，就算股價站上 100 日線，也容易再跌回 100 日線之下，形成繼續下跌的走勢。

ⓒ 紅 K 線站上 5 日線，且紅 K 實體 有 2 分之 1 在 5 日線上

當 5 日線在 100 日線上，可判定為多方趨勢的股票。

但要注意 100 日線必須朝上，不能朝下（持平需觀察），若股價皆能維持在 5 日線之上，一段時間不跌破，則隨時可進場。

若股價在 5 日線上下起伏或在 5 日線之下，待一根紅 K 棒出現站上 5 日線，且紅 K 實體有二分之一以上在 5 日線之上，可進場買進。

從線圖中找到買進訊號

案例 一　華票（2820）

　　華票的公司全名是「中華票券金融公司」，主要業務為短期票券、金融債券之簽證、承銷、經紀、自營，與政府債券、公司債之自營業務。專精在企業融資與固定收益商品交易，過去殖利率平均最高曾達到 6% 至 8% 間，目前平均約落在 4% 至 5.5%，是金融股歷年配股利穩定度高的股票。

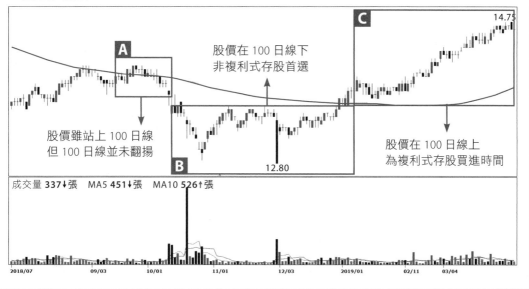

華票（2820）〔圖1〕

華票（2820）日線圖 2022/06/15
開 16.80 高 16.95 低 16.75 收 16.80 S元 量 740 張 0.00（-0.00%）

─ SMA100 13.82↑

A
股價雖站上 100 日線
但 100 日線並未翻揚

股價在 100 日線下
非複利式存股首選

C
14.75

B
12.80

股價在 100 日線上
為複利式存股買進時間

成交量 337↓張　MA5 451↓張　MA10 526↑張

2018/07　　09/03　　10/01　　11/01　　12/03　　2019/01　　02/11　　03/04

【條件分析】

（1）**A** 區與 **B** 區股價皆在 100 日線（紅線）之下，不是進場時機。

（2）**A** 區股價雖一度站上 100 日線，但當時 100 日線尚未轉為朝上走
　　　勢，僅為持平，持平需繼續觀察，後續在跌破 100 日線之下後，
　　　必須等股價站上 100 日線之上，且均線朝上才可買進。

（3）**C** 區為股價在 100 日線之上區域，是找尋買進機會的區域。

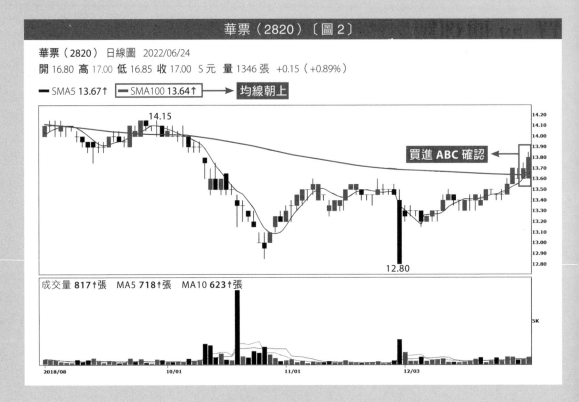

華票（2820）〔圖2〕

華票（2820）日線圖 2022/06/24
開 16.80 高 17.00 低 16.85 收 17.00 S元 量 1346 張 +0.15（+0.89%）

─ SMA5 **13.67**↑   ─ SMA100 **13.64**↑ ➡ 均線朝上

買進 ABC 確認

成交量 **817**↑張　MA5 **718**↑張　MA10 **623**↑張

（4） 進場訊號確認（如圖2）

　　Ⓐ 股價在 100 日線之上

　　Ⓑ 5 日線在 100 日線上

　　Ⓒ 紅 K 實體 2 分之 1 在 5 日線上

（5） 均線朝上確認

　　針對「均線朝上」要特別說明，股票如果出現ⒶⒷⒸ這三個買進
　　訊號，不過 100 日線當下卻沒朝上，可預先推估未來一個月內或
　　兩週內有沒有轉上的機率。如果有，當下ⒶⒷⒸ條件符合可視為
　　買進訊號。

案例
二

盛群（6202）半導體

臺灣微控制器廠（MCU），從事 IC 設計與自有產品開發，應用範圍包含電腦週邊、消費性、通訊、記憶體、類比 IC、螢幕顯示、車用等 IC 產品。自行研發的 MCU 應用於小家電主控與面板、醫療保健與量測產品、直流無刷馬達控制、鋰電池充放電管理、太陽能熱水器控制、電表、水表等等。

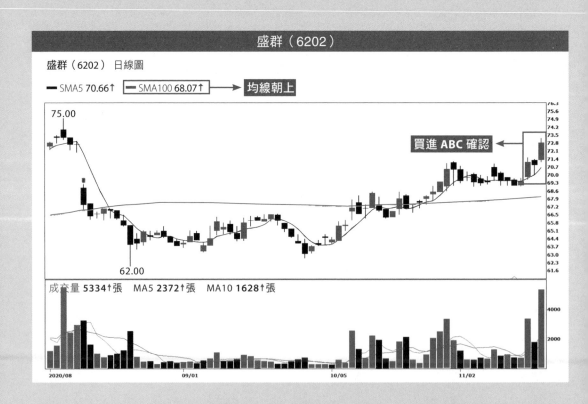

【條件分析】

（1）歷年平均殖利率約 6.5%。

（2）2020 年第三季財報公布。盛群前三季獲利 2.97 元，過去五年每
　　年平均獲利約 4 元，此股票已符合球員名單，納入觀察，等候出
　　現進場訊號即可考慮進場。

【進場訊號】

（1）2020 年 11 月 16 日出現買進訊號。

（2）複利式存股買進訊號 Ⓐ Ⓑ Ⓒ 確認：

　　Ⓐ 股價在 100 日線之上，股價在紅線（100 日線）上 ➡ 確認

　　Ⓑ 5 日線在 100 日線上，股價在 5 日線上 ➡ 確認

　　Ⓒ 紅 K 實體 2 分之 1 在 5 日線上，11 月 16 日與 11 月 18 日皆出現
　　　 ➡ 確認

（3）最後確認 100 日線是否朝上 ➡ 朝上確認

　　每年 11 月 15 日是第三季財報公布的時間，但 2020 年 11 月 15 日
是週日，故最慢可延至 11 月 16 日公布，該股票在當日即出現買進 Ⓐ
Ⓑ Ⓒ，如果當下我們財報還沒更新，兩天後（11 月 18 日）又出現一
次買訊，依然可利用此次機會進場。

案例
三

遠傳（4904）電信

由遠東集團投資成立，在臺灣的行動通訊市場占有率約 24% 至 25%，被譽為電信三雄之一，電信股通常都有著穩定的殖利率，約莫落在 4% 至 5% 間，但這三家電信股會因為公司獲利增減，殖利率會有所起伏，對我而言沒有哪一家電信特別好，只要殖利率高、公司獲利不衰退、技術線型好就是我們參考的標的。

【條件分析】

（1）2021 年第三季財報公布之後，公司獲利符合預期的電信類股只有遠傳跟中華電信，台哥大當時並沒有入列，而當時中華電信殖利率大約在 4% 左右，遠傳當時殖利率達 5.6%，所以遠傳電信為優先考量並納入球員名單，等候買進訊號。

（2）2021 年第三季財報公布稅後盈餘為 2.2 元，在過去三至五年平均每年獲利約 2.7 元至 2.9 元計算，2021 年要超越過去年度的獲利水準應該不成問題，且預期股價有機會因獲利增加而向上推升。

由 K 線圖走勢可以看出，該股票就算第二季獲利達到預期，但股價在 100 日線（紅線）下，所以並非是參考的時期。11 月之後股價才開始穿越 100 日線並在 100 日均線上遊走。11 月 15 日第三季財報公布後股價已漲幅達 64 元附近，雖然買進 Ⓐ Ⓑ Ⓒ 條件完全符合，不過大多數人容易忽略的一點是「100 日線是否朝上」。

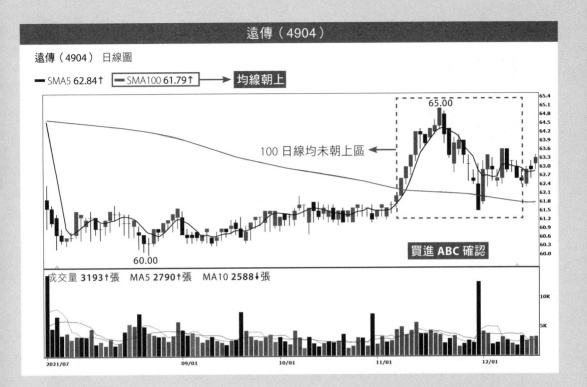

遠傳（4904）

遠傳（4904）日線圖

■ SMA5 62.84↑　| ─ SMA100 61.79↑ → 均線朝上

100 日線均未朝上區 ←

65.00

60.00

買進 ABC 確認

成交量 3193↑張　MA5 2790↑張　MA10 2588↓張

2021/07　　　09/01　　　10/01　　　11/01　　　12/01

【進場訊號】

（1）2021 年 12 月 16 日 100 日線開始轉為向上，同時當天 K 線符合
買進ⒶⒷⒸ訊號，此即為複利式存股的買進訊號，可考慮進場。

（2）複利式存股買進訊號ⒶⒷⒸ確認：

Ⓐ 股價在 100 日線之上 → **確認**

Ⓑ 5 日線在 100 日線上 → **確認**

Ⓒ 紅K實體2分之1在5日線上 → **確認**

3-3

複利式存股的
賣出關鍵點

賣出條件 vs. 賣出時機

股票買進後接下來最重要就是等著賣出了,除非你想做的是傳統式存股「只買不賣」的操作策略,否則,抓好賣出時機,是縮短投資時間提高年報酬率的重要關鍵。複利式存股達到什麼條件可以考慮賣出?

➤➤ 賣出條件

❶ 股票達到預期殖利率時

挑選標的時，每檔股票都會有當時預估的殖利率，有的 5%、有的 6%，當你所選的股票，股價漲幅獲利已達你當初買進該股票想賺取的殖利率時，表示已達目標，可以選擇把股票賣出。

❷ 股票已達預期殖利率， 而你認為股票還會繼續再漲時，選用技術分析的賣出訊號做賣出。

當股票獲利已達你預期殖利率時，由於漲勢穩健（或漲勢兇猛），股價有機會續漲，獲利程度有可能高於預期殖利率，此時賣出條件可調整成技術分析的賣出訊號。

■ 理財 TIP

賣出時機

Ⓐ 股價沿 5 日線上漲，跌破 5 日線後，隔日收盤站不上 5 日線
→ 賣出
Ⓑ 股票獲利達預期殖利率後，連 2 天出現黑 K 線
→ 賣出

≫ 賣出時機

「通常」每年第一季（1月至3月）是複利式存股的賣出時機，且金融股在這一季平均漲幅也較明顯，非金融股類有可能因為除權息時間不同，而在第三季或第四季就先提前表現，但最慢第一季也都會有行情出現，所以在第二季與第三季挑股票的時候，可優先挑選非金融股類，若在隔年第一季前已做完一個「買賣循環」，可在第一季前或剛進入第一季時，挑選金融類股的標的。

喬哥理財筆記

股票為什麼在第一季容易上漲？

有資料統計，元月份的國際股市表現報酬率往往是正數，而且比其他月份為高，最初出現「元月效應」的國家是美國，但美國為全球金融火車頭，所以其他國家也陸續出現「元月效應」行情，此效應有可能是稅務安排，或是新的年度調整投資組合。

以台股來說，農曆年期間也剛好在第一季，是不是有公司或集團想拉股票發年終，這就不得而知，不過公司上年度財報亮眼，第一季也是股價容易上漲的時機，存股標的公司大多穩定，從近幾年第一季上漲的股票中大多有存股標的的影子，不難發現第一季是賣存股標的比較好的時機。

複利式存股不參加除權息

　　傳統式存股以參加除權息賺取每年股利並長期持有，複利式存股能不參加除權息就不參加。原因是臺灣以個人身份參與除權息，股利所得會併入綜合所得計算，適用 5%至40% 綜所稅率，雖享有 8.5% 股利可抵減，但單筆股利超過 2 萬元，還須繳 2.11% 的二代健保補充保費，簡單說就是「參加除權息就要繳稅」，因為稅率未來可能還會有變動調整，這邊就不詳細說明。

　　對存股族來說，稅是拉低投資報酬的因素，有些上市櫃大股東會因為「稅」的問題而不想參加除權息，所以會在公司除權息前，拉高股價來賣出股票，等除完權息後再伺機買回持股。大多數上市櫃公司除權息時間會在第二季至第三季間，所以第一季是公布公司配股利資訊的時間，同時也是大股東利用機會調整持股的時間，這也是我為什麼建議在第一季就考慮賣出股票，而不參加除權息的原因。

　　不過凡事沒有保證，萬一，挑選與買進的股票並不如我們預期時該怎麼辦？就算用技術面挑選了可能會漲的存股股票，還是有可能會下跌對吧，這就是為什麼我們要挑存股股票的原因。用複利式存股的好處是，萬一走勢真不如預期，也不想賠錢賣出，可轉成傳統式存股，畢竟我們會選這檔股票也是考慮到殖利率不錯，能賺到預期殖利率提前出場是最佳情況，最差情況則是留下它，並參與配股配息，未來再觀察是否有較佳出場時機。

從線圖中找到賣出訊號

崇越電（3388）

崇越電（3388）的公司是專業特用化學材料通路商，主要代理日本信越化學的矽利光材料，產品應用從日常生活用品到醫療、高科技領域。一般材料通路商只代理一種產業或某一產品的材料，但崇越電是所有產業、所有產品都有經營，以目前臺灣來說，沒有跟他一樣規模的競爭者，甚至東南亞或中國也沒有同樣經營模式的公司，除了代理材料之外，未來也將跨足設備的代理。

公司具有五大重點產業分別是：車用、醫療、化妝品、消費性電子（含5G）、運動休閒。而5G的基地台數量會是4G時代的數倍之多，崇越電代理的電子化學材料也應用於基地台的 PCB 板中。

【條件分析】

（1）公司自 2004 年掛牌以來，除了 2008 年金融海嘯時，配發 3 元股利與 2019 年疫情影響配發 3.6 元外，其他年度皆配發 4 元以上的股利，過去平均殖利率約在 5.5% 至 6% 上下。

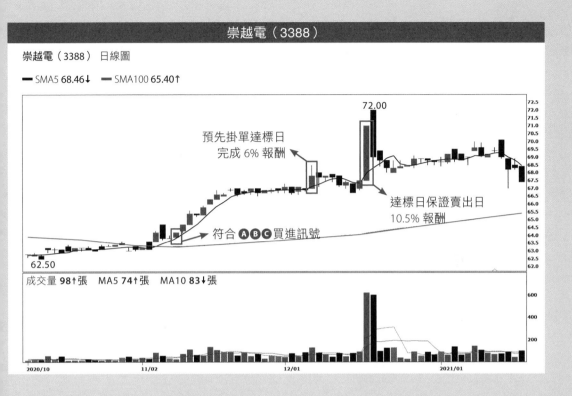

崇越電（3388）

崇越電（3388） 日線圖

━ SMA5 68.46↓ ━ SMA100 65.40↑

預先掛單達標日
完成 6% 報酬

72.00

達標日保證賣出日
10.5% 報酬

符合 Ⓐ Ⓑ Ⓒ 買進訊號

62.50

成交量 98↑張　MA5 74↑張　MA10 83↓張

2020/10　　　　11/02　　　　　　　　12/01　　　　　　　　　2021/01

（2） 2020 年 11 月 9 日股票符合 Ⓐ Ⓑ Ⓒ 買進訊號，均線朝上，預估殖
利率約 6%，以當日收盤價 64.2 元買進。若要達到 6% 報酬率，
股價需要達到 68 元，期間股價整理約一個月，由於未達預期報酬
68 元，故不出場。

（3） 2020 年 12 月 7 日股價最高達 68.5 元，有預先掛賣單 68 元者達
標成交，持股時間約一個月，若無預先掛賣單者，由於當日收盤
價 67.8 元未達 68 元，故可選擇繼續觀察或直接出場。

（4） 2020 年 12 月 17 日股價已達 71 元，符合 68 元之上賣出時機，此
時年報酬率達 10.5%，持股時間約一個月又一週達標。

達標賣出法＋技術面賣出法

為了提高獲利率，何時賣出？需要哪些條件？關鍵的時機很重要，喬哥試著從兩個層面：達標賣出法與技術面賣出法來說明

■ 理財 TIP

賣出時機

（A）達標（達預估殖利率）後 ➜ 賣出

（B）達標後看好後市，改為技術面 ➜ 賣出

≫ 達標賣出法

案例分析　　盛群（6202）半導體

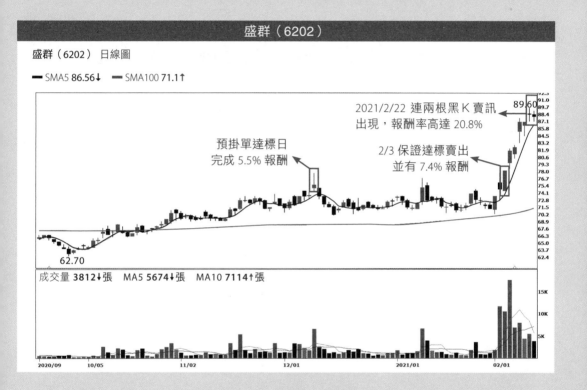

盛群（6202）

盛群（6202）日線圖

━ SMA5 86.56↓　　━ SMA100 71.1↑

2021/2/22 連兩根黑K賣訊
出現，報酬率高達 20.8%

89.60

預掛單達標日
完成 5.5% 報酬

2/3 保證達標賣出
並有 7.4% 報酬

62.70

成交量 3812↓張　　MA5 5674↓張　　MA10 7114↑張

前面章節，我們有提到 2020 年 11 月 16 日與 11 月 18 日皆出現買進訊號，我們以較高價 11 月 18 日的收盤價 72.8 元買進，該股預估殖利率 5.5%，滿足點股價在 76.8 元，故股價未達 76.8 元不賣出，達到後可視情況決定是否出場。

【條件分析】

(1) 2020 年 12 月 9 日股價最高達 77.7 元，已達成 76.8 元的 5.5% 目標，有預掛賣單者股票達標賣出，持股未達一個月。

(2) 達標這天盤中價格雖有超越 76.8 元，但收盤時價格卻只有 75.6 元，若沒賣出者，可持股繼續等待下次賣訊。

(3) 2021 年 2 月 3 日當天收盤價 78.2 元，預期殖利率保證達標，若以收盤價計報酬率達 7.4%，高於原先預估的 5.5%，持股時間約兩個半月。

2021 年 2 月 22 日股價已連 2 日出現黑 K，滿足技術面賣出訊號，可考慮出場，報酬率 20.8%，持股時間約三個月。

不過大家有沒有發現，2 月 3 日的這根 K 線，像不像是買進訊號，而不是賣出訊號，若持股更應該考慮續留觀察。

≫ 技術面賣出法

若轉為技術面賣出時，則須注意兩個訊號，另外，要注意的是，必須有達標後才考慮轉技術面賣出法。

■ 理財 TIP

賣出時機

Ⓐ 股價跌破 5 日線，隔日站不回 5 日線上 ➜ **賣出**
Ⓑ 連 2 日出現黑 K 線 ➜ **賣出**

遠傳（**4904**）電信

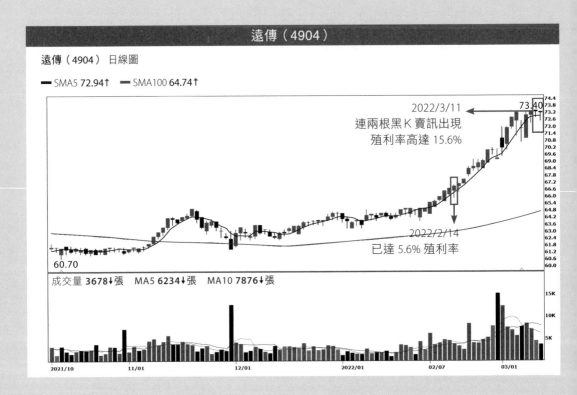

遠傳（4904）

遠傳（4904） 日線圖

━ SMA5 72.94↑ ━ SMA100 64.74↑

2022/3/11
連兩根黑 K 賣訊出現
殖利率高達 15.6%

73.40

2022/2/14
已達 5.6% 殖利率

60.70

成交量 3678↓張　　MA5 6234↓張　　MA10 7876↓張

2021/10　　　11/01　　　　12/01　　　　2022/01　　　　02/07　　　03/01

【條件分析】

（1）前面章節提到，2021 年 12 月 16 日出現買訊，當日收盤價 63.3 元，該股預估殖利率 5.6%，滿足點股價為 66.8 元，故股價未達 66.8 元之前不做賣出，達到後視情況決定是否出場。

（2）2022 年 2 月 14 日股價最高 67 元，已達 5.6% 殖利率報酬，持股時間約兩個月。

達標後由於技術面表現強勁，且均線為標準多頭排列格局，可考慮繼續觀察並隨時準備賣出。

【賣出訊號】

2022 年 3 月 11 日股價雖未跌破 5 日線，但出現連 2 根黑 K，以當日收盤價 73.2 元計，獲利已高達 15.6%，已可考慮賣出。

3-4
複利式存股的實戰技巧

　　自從開始執行複利式存股以來，統計歷年存股的操作最低報酬率約 5%，最高超過 20%。

　　我一開始的心態，單純只是想把小朋友的紅包壓歲錢變大，後來發現複利式存股的戶頭，有時整年報酬率並不輸給短線交易戶頭的報酬率（有時短線交易戶頭整年統計還出現負報酬），便開始更專心在實踐複利式存股的選股與買賣的時機上。

複利式存股操作的好處

用複利式存股操作的好處是：自己能有更多的空閒時間做自己想做的事。有時因為私事或家中有事情需要處理，或是參加其他的進修課程或活動，常常無法每天看盤，但複利式存股的操作方法，正好是無法每天看盤的投資人最棒的工具。

複利式存股在買進後只需要注意兩件事

一、買進後的股票有沒有達到報酬率價格，或達到後有沒有出現賣出訊號。

二、還有沒有出現其他適合的股票可買。

只需要利用中午吃飯時間，跟晚上睡前，抽點時間檢視股市的動態，不用像短線交易需要時時盯著盤面，深怕一個急跌就讓自己虧損變大或錯失賣出良機。

雖然操作方式不像是短線交易，但也能享有短線交易帶來的看盤樂趣，因為我們還是會用到技術面，而且有些股票在短時間內就達到預期報酬，對某些不看盤就會覺得很無聊的人來說，同樣能達到一些滿足感。

複利存股獲利加速翻倍

　　我在剛開始執行的前兩年，其實還是用傳統存股的方式來處理，雖然自己已有架構一套複利式選股模組，但剛開始挑選股票時還是用了「傳統選股法」。例如：我選擇中華電信，因為安全、穩健，不會倒，是大家既有的印象，在買進後兩年內都沒有賣出或再買進。

　　以當時這種傳統存股操作方式，兩年間股息報酬率每年約 4.5% 至 4.8% 左右，兩年後因為公司獲利情況有稍微變動，而股價上漲也拉低預期殖利率，加上想積極加快累積戶頭內的本金，決定把資金從原先只想做被動式選股的傳統存股操作，轉向積極主動式選股的複利式存股，所以，我決定賣出中華電信股票。

　　在持有中華電信這兩年期間的總報酬為 27.5%，平均每年約 13% 至 14%，除了配股報酬外，股價上漲所產生的價差才是拉高整體報酬率的主要因素。

　　為了能找到更多上漲機會的存股標的，「高殖利率」、「符合預期的獲利」、「技術面佳」都是我挑選的方向。

選股上通常以「傳統產業」與「電子股」優先挑選，金融股次之，原因是當時這些股票殖利率較高，在賣出中華電信後，便把資金轉買好樂迪（9943）與信義房屋（9940）。

挑選好樂迪原因是這家公司「每季」獲利都很穩定，每年配的股利也穩定，且殖利率都在 6%，甚至更高。

挑選信義房屋，除了殖利率一樣在 5% 至 6% 外，公司有配發股票股利是吸引我的一大關鍵。當然決定要買還是依據最重要的 Ⓐ Ⓑ Ⓒ 買進訊號。

2018 年 2 月，以 37 元買進信義房屋，8 天後以 42 元賣出。

2018 年 3 月，以 53.5 元買進好樂迪，5 月以 58.5 元賣出。

以這兩筆操作，半年時間就已經達到 20% 的報酬。但如果我賣出中華電信後轉買信義房屋，然後就抱著當傳統式存股。我不但無法在信義房屋 8 天就賺到 15% 報酬，並獲得後續好樂迪 9% 的報酬，還要承擔除完權息後的股價回跌。當然存股基本的預期報酬 5% 至6% 還是有的，但對想加快累積本金的我而言，一年 20% 當然比 6% 好。

喬哥近三年複利式存股操作與報酬

由右表中選擇其中一檔股票只做傳統存股，每年獲利最高不超過 7%，而複利式存股近三年每年最低 13.5%，約是傳統存股兩倍。

如果你的本金只有 10 萬元在做，13.5% 的報酬是 13,500 元，一年只獲利這個數字，感覺不大。如果有 100 萬本金在做，一年的獲利是最少是 13 萬 5 千元。

每年報酬率不是我們能夠掌控的數字，但本金是我們所能夠掌控的，所以加快本金的累積是初學者的目標，只有不斷地把本金累積擴大，就算當年度的報酬率低也才能夠有自己滿意的獲利數字。

【近三年複利式存股的報酬整理】

股票名稱	2420 新巨	8131 福懋科	2884 玉山金	6202 盛群	9940 信義房屋	4904 遠傳電信
時間	2019.02	2019.11	2020.03	2020.11	2021.9	2021.12
買進價格	33.8	35.15	22.85	72.8	31.15	63.2
賣出價格	36.2	37.5	26.2	88	33	69
報酬	7%	6.5%	14.7%	20.8%	6%	9%

■ 理財 TIP

做複利式存股時,有個時間需要注意:**除權息的時間。**

以金融股來說,除權息時間大約在每年 7、8、9 月間,所以金融股在第一季漲勢表現較佳,第二季除權息前次之,**而股價表現最弱期間「通常」容易出現在除權息後三個月內。**

非金融股除權息前則不建議再進場買進,尤其是除權息日的前一個月內,當股價走勢已開始轉趨平緩,該個股可暫時不再需要觀察,等待第二季財報公布後再來挑選新標的。

≫ 獲利 6% 的案例:信義房屋(9940)

信義(9940)〔圖1〕

信義(9940)日線圖 2022/05/20

開 33.50 高 34.20 低 33.45 收 33.75 ↑元 量 268 張 +0.45(+1.35%)

━ SMA5 30.84↑ ━ SMA100 30.80↑

【條件分析】

2021 年第二季財報公布,信義房屋(9940)第二季獲利 1.29 元。信義房屋過去三年平均每年獲利約 1.95 元,過去五年平均每年獲利約 2.32 元。

以 2021 年前半年即獲利 1.95 元推估,要達到甚至超越過去三至五年的平均獲利水準不是問題。三年預估平均殖利率約 6%,五年預估平均殖利率約 6.9%,股票隨即納入觀察名單,等候買訊。

【買進訊號】

2021 年 9 月 1 日買訊出現。
Ⓐ 股價在 100 線上。
Ⓑ 5 日線在 100 日線上。
Ⓒ 當日紅 K 實體 2 分之一以上在 5 日線上。

ⒶⒷⒸ買進訊號都確認,加上均線確認上揚,以當日收盤價 31.3 元計算,6% 殖利率股價滿足點約在 33.2 元,賣出訊號須等股價達 33.2 元之上再做決定。

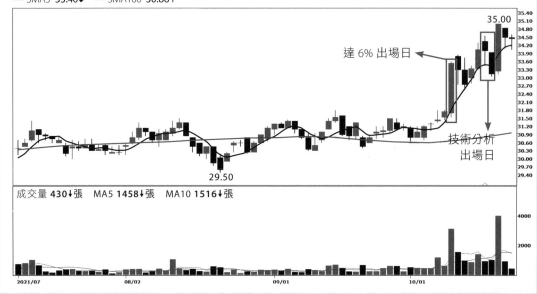

信義（9940）〔圖2〕

信義（9940） 日線圖 2022/05/20
開 33.50 高 34.20 低 33.45 收 33.80 ↑元　量 277 張　+0.50（+1.50%）

━ SMA5 33.46↓　━ SMA100 30.86↑

達 6% 出場日

35.00

技術分析
出場日

29.50

成交量 430↓張　MA5 1458↓張　MA10 1516↓張

　　　股票買進後，2021 年 10 月 12 日，股價已達 6% 殖利率 33.2 元的目標價。

【賣出方式】

（1）直接出場，若以當日收盤賣出獲利超過 7%。

（2）技術分析賣出法，2021 年 10 月 20 日股價跌破 5 日線，同時也是連兩天黑 K，符合出場條件，以當天收盤股價 33.15 元計算，有 5.9% 報酬。

雖然跟 6% 接近，但這也是想獲利更高，而用技術分析出場時要承擔的風險損失。

　　9 月 1 日進場，快則 10 月 12 日離場，慢則 10 月 20 日離場，不到 50 天的交易時間，達到一年想獲取的報酬率，是複利式存股縮短投資時間，放大投資效益的方式。

　　而出場之後，又開始找尋下個賺錢的投資機會。就像計程車，完成一個客人的車程後，要趕快接下一個客人，繼續賺錢。

▶▶ 從 6% 到 20% 的操作：艾訊（3088）

2021 年第三季財報公布後，艾訊（3088）第三季獲利 3.56 元（稅後），過去三年平均每年獲利 4.87 元，推估艾訊今年獲利能達到過去三年平均水準，以當下股價約 54 元計算三年平均殖利率超過 8%，五年平均殖利率也有 7.5%，是可以等買進訊號出現再進場的標的。

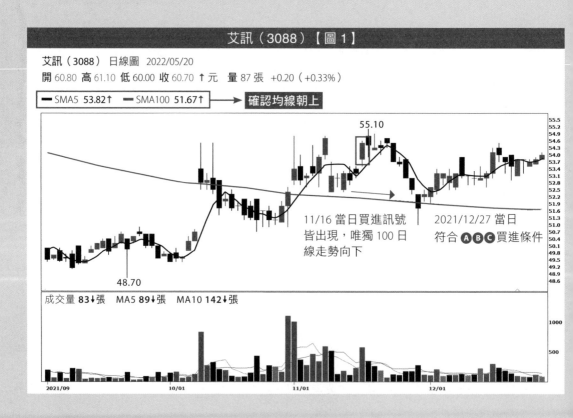

艾訊（3088）【圖 1】

艾訊（3088）日線圖 2022/05/20
開 60.80 高 61.10 低 60.00 收 60.70 ↑元 量 87 張 +0.20（+0.33%）

— SMA5 53.82↑ — SMA100 51.67↑ → 確認均線朝上

55.10

48.70

11/16 當日買進訊號
皆出現，唯獨 100 日
線走勢向下

2021/12/27 當日
符合 ❶❷❸ 買進條件

成交量 83↓張   MA5 89↓張   MA10 142↓張

2021/09   10/01   11/01   12/01

2021 年 11 月 16 日第三季財報公布後，股票確認可以買，接下來就是等進場，以 11 月 16 日當天技術走勢看。

Ⓐ 確認股價在 100 線上。

Ⓑ 確認 5 日線在 100 日線上。

Ⓒ 確認當日紅 K 實體 2 分之一以上在 5 日線上。

ⒶⒷⒸ買進訊號都確認，為何不進場？

因為當時 100 日線還在下彎，若要完全符合買進條件，則要等到 100 日線轉上揚後最佳。

2021 年 12 月 27 日股價再次符合ⒶⒷⒸ買進條件，均線也確認上揚，已達進場條件，以當日收盤價 54 元計算，殖利率低標在 7.5%，算出股價滿足點約在 58 元（54×107.5%）。

我會另外算出一個 6% 殖利率當參考壓力區（因為大多數股票殖利率約落在 5% 至 6%），算出股價滿足點在 57.2 元，這 57.2 元是擔心股價達 6% 後，股價轉弱時，我可以出場的備案。

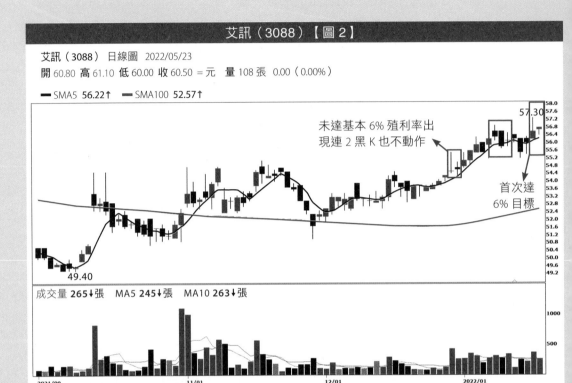

艾訊（3088）【圖2】

艾訊（3088） 日線圖 2022/05/23
開 60.80 高 61.10 低 60.00 收 60.50 ＝元 量 108 張 0.00（0.00%）

■ SMA5 56.22↑　■ SMA100 52.57↑

未達基本 6% 殖利率出
現連 2 黑 K 也不動作

57.30

首次達
6% 目標

49.40

成交量 265↓張　MA5 245↓張　MA10 263↓張

2021/09　　　　　　11/01　　　　　　12/01　　　　　　2022/01

　　2022 年 1 月 18 日，首次達 6% 殖利率目標價 57.2 元，在無賣出
訊號條件下，持股繼續觀察。

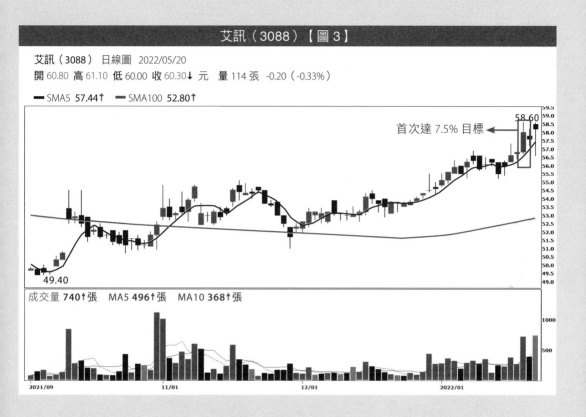

艾訊（3088）【圖3】

艾訊（3088）日線圖 2022/05/20
開 60.80 高 61.10 低 60.00 收 60.30↓ 元 量 114 張 -0.20（-0.33%）

━ SMA5 57.44↑ ━ SMA100 52.80↑

58.60

首次達 7.5% 目標

49.40

成交量 740↑張 MA5 496↑張 MA10 368↑張

2021/09   11/01   12/01   2022/01

2022 年 1 月 20 日，已達 7.5% 殖利率目標價 58 元，大家看到接下來的兩天 K 線以黑 K 收盤，連兩天黑 K 是我們設定的出場條件，可以出場。不過可以再觀察一點，第 2 根黑 K 的收盤價，收在漲勢以來的最高收盤點，以技術分析來說是有機會再漲，如果達預期殖利率後，我認為還有機會再漲，就調整技術分析賣出判斷。

可用跌破 5 日線就出場的作法，我會先以 58 元（原定 7.5% 預期殖利率）當依據，如果隔天收盤站不上 57.8 元（5 日線位置）且再收黑 K，就出場，畢竟已立於 6% 殖利率以上。

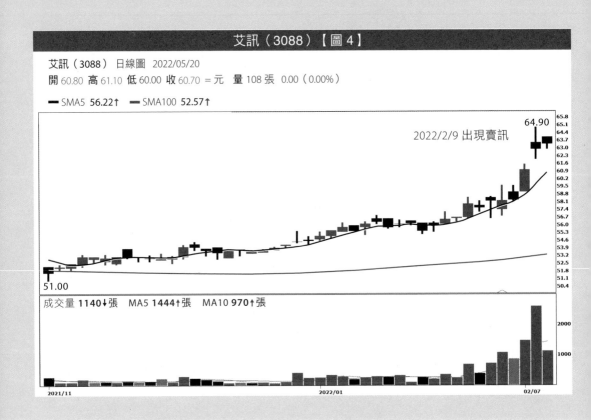

艾訊（3088）【圖 4】

艾訊（3088）日線圖 2022/05/20
開 60.80 高 61.10 低 60.00 收 60.70 = 元 量 108 張 0.00（0.00%）

━ SMA5 56.22↑ ━ SMA100 52.57↑

2022/2/9 出現賣訊

64.90

51.00

65.8
65.1
64.4
63.7
63.0
62.3
61.6
60.9
60.2
59.5
58.8
58.1
57.4
56.7
56.0
55.3
54.6
53.9
53.2
52.5
51.8
51.1
50.4

成交量 1140↓張　MA5 1444↑張　MA10 970↑張

2000

1000

2021/11　　　　　　　2022/01　　　　　　　02/07

　　　2022 年 2 月 9 日，股價再度出現賣訊，此時獲利已達 17.5%，在
獲利提升，且出現賣出訊號條件下，可選擇出場，也可繼續遵守跌破
5 日線就出場的條件。

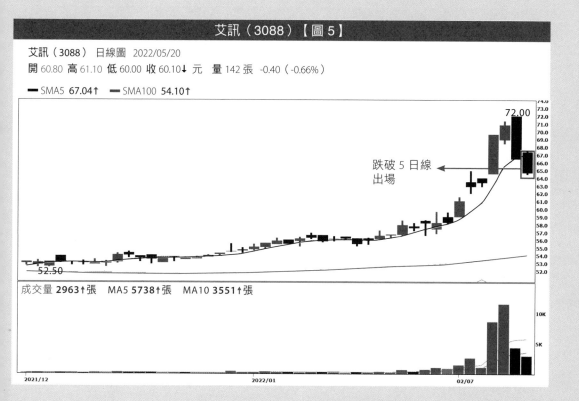

艾訊（3088）【圖5】

艾訊（3088） 日線圖 2022/05/20
開 60.80 高 61.10 低 60.00 收 60.10↓ 元 量 142 張 -0.40（-0.66%）

━ SMA5 67.04↑ ━ SMA100 54.10↑

72.00

跌破 5 日線
出場

52.50

成交量 2963↑張 MA5 5738↑張 MA10 3551↑張

2021/12　　　　　　2022/01　　　　　　　02/07

　　出現賣訊賣出與跌破 5 日線賣出，大家可依照自己方式調整，先
賣出者可以先把資金轉其他觀察的存股標的。

　　後賣出者或許能賺到更高報酬，但隨之而來的股價大幅震盪，也
多少影響著投資人的心態，如果不想被股市影響，就要建立一套自己
的交易系統，並找出適合自己的買賣模式。

艾訊案例是 12 月 27 日進場，2022 年 1 月 20 日已達預期報酬，持有時間約 25 天，若以 2 月 9 日獲利 17.5% 計算，則持有約 45 天（含農曆春節）。

如果接續信義房屋的案例，這是從 2021 年第二季財報公布後，可連續執行的買賣策略，從 2021 年 9 月開始到 2022 年 2 月結束，一年的預期報酬率低約 13.5%，最高可達 23%。

雖然這不像某些飆股，漲幅動則二倍至三倍在漲，不過對喜歡穩健型、看長期效益、喜歡類似滾雪球、不想為股票操碎心的投資人來說，這是可以放心工作，也能以「類存股」方式，穩健增加自己的財庫。

喬哥 理財筆記

加入股票社團，就能賺大錢的都市傳說

我來講個過去參加投顧老師的經驗。以前沒有 FB 或是 Line 社團，但電視上股票分析師都把自己講的飛天遁地，每一天都有股票漲停板，只要加入老師的會員，你就能夠得到老師的明牌，但加入老師的會員 3 個月要 3 萬 6 千元。

某次我在自己虧了不少錢後，加入了某位老師的會員，當時是BB call 傳訊（現在很多年輕人應該不知道這是什麼東西），加入會員後，隔天老師開始盤中發訊息，一天都發 10 檔到 20 檔股票，至於要買哪一檔自己要決定，當天收盤後，老師會在電視上開始講他今天漲停板的股票，如果你沒有買到，那是你自己的問題，如果有買到那就「恭喜會員」。

我當時就跟業務窗口反應，一天發 20 檔股票，裡面隨便有一檔漲停板，就會被老師拿來說嘴，難怪老師每天都有漲停板的股票可以講，可是我們卻沒買到。

這位厲害的業務會解釋，其實還是有很多會員有買到，只不過他們不是普通會員，看我願不願意加價升級到黃金會員，3 個月10 萬會費，就能得到這些漲停板的股票，那時我就知道被耍了！

因為黃金會員的後面，還有鑽石會員，鑽石會員的後面，還有VIP 會員，這類的會員一個月少說要貢獻 10 萬以上，有些甚至要50 萬以上，還不保證賺錢。

所以聽完了我的故事後，你還想參加坊間流傳的先繳 1 萬元就可以獲得明牌的社團嗎？我想你加入社團後，如果沒賺到錢，後面應該還有好幾層的會員制度要你加入，到時候就不是 1 萬元能解決的。

第四單元

關於存股的
迷思

4-1

整理坊間對於存股的疑惑，
破除對於存股的迷思

只求穩定和安全，
金融股只買國銀股

　　我有一位客戶，帳戶裡的股票全是金融股且都是國銀股類，平時很少買賣，但每隔一段時間，就會接到他的電話要買金融股，而且買進後幾乎沒有賣出，偶爾股價漲幅有比較大時，他才會做一些調整。

　　某天他來公司辦理業務，談話中得知他是一位已退休的教師（後來發現退休族群還滿喜歡買金融股的），最大的原因是金融股讓他感覺比較穩定、安全，而且每年銀行也都有不錯的股利配息。

　　問他為何不考慮其他類型的股票，或許還能夠有更高的報酬率。

他說他對股票不是很了解，年紀大了也沒有心力再去了解其他公司，他認為買金融股有保障，就算報酬率比其他電子類或傳產類低，但比較不用承擔風險。

只存金融股的投資人，期待的是穩定、安全。相對於電子業，有上中下游以及各轉投資事業，複雜程度比起來還算是相對簡單得多。大家認為銀行股比較有保障的原因，應該是如果銀行出現倒閉危機，政府出手搭救的機會，也會比電子公司或傳產公司來得高，尤其更認定國銀股不會倒。

其實就算只想做金融股的存股，並不用限定只做如兆豐銀、華南金、彰銀、第一銀、合庫等「國有銀行股」。

商業銀行類如台中銀、遠東銀、京城銀，或中型金控如元大金、永豐金等，殖利率有時都比國有銀行股高。

一樣是投資穩定、安全的類股族群，運用複利式存股的進場時機，調整買進與賣出方式，還是能享有比只買國銀股還高的報酬。

一味相信媒體報導的
高殖利率股

近幾年由於存股很流行，加上媒體都會報導分享各種存股達人的投資方法，很多人也都開始加入了存股的行列。而我也有學員開始把孩子壓歲錢，每月省吃儉用存下來的幾千元。購屋基金的頭期款。或是未來準備養老的退休金等等，投入存股行列。但他們通常的問題就是喜歡選當下媒體報導的高殖利率股。

什麼是當下報導的高殖利率股？

報紙或雜誌有時會不定期介紹某某股票在今年會配發多少錢的股利，如果以目前的股價換算，某某股票會有很高的殖利率。當學員問我這股票殖利率這麼高能不能買的時候，我會問他「只有今年這麼高？」還是「過去三至五年來每年平均都這麼高？」

如果某一檔股票今年能夠配發這麼高的股利，代表去年有非常好的獲利，那接下來還能不能再維持這樣好的獲利，或是還能再成長。如果可以，我們就考慮，如果只是這幾年表現得好，但未來不一定，自己也不是很確定的話，那就要好好思考一下。

敦泰（3545）

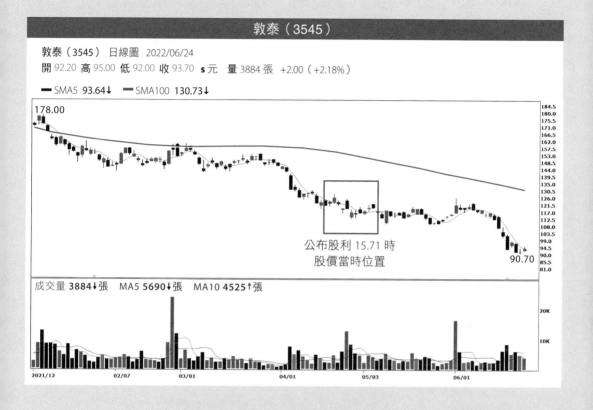

敦泰（3545）

敦泰（3545） 日線圖 2022/06/24
開 92.20 高 95.00 低 92.00 收 93.70 s元 量 3884 張 +2.00（+2.18%）

━ SMA5 93.64↓　━ SMA100 130.73↓

公布股利 15.71 時
股價當時位置

成交量 3884↓張　MA5 5690↓張　MA10 4525↑張

　　2022 年 4 月，驅動 IC 大廠敦泰公告股利政策，預計每股將配發
15.71 元現金股利，若以當時股價約在 120 元計算，現金殖利率約為
13%，對存股族來說這利率還滿誘人的。

為了了解這檔股票是不是值得投資，我把敦泰過去三至五年（2021年至 2017 年）的股利加總計算，以 120 元的股價算出殖利率約 1% 至 1.2%，這是高殖利率嗎？

結果才 1.2%！這樣的殖利率我只能說：「謝謝，再聯絡」。

報章雜誌報導殖利率算法，常會把當年度的股利配發，用當下市價計算，如果當年度股利配發的好，殖利率就會拉高。可是這樣做法會忽略過去的平均殖利率而失真，這就是我所謂的當下報導的高殖利率股。

就算殖利率沒有太低，股價走勢也並不符合複利式存股的技術面的買進條件，所以，就算只憑複利式存股的技術面判斷，我認為你也可以知道它是不是可以進場的股票。

「哪支股票可以買？」、「何時可以買？」答案在自己心中

大多數投資人，當他選到或得到不錯的存股標的時，最常問的問題就是「何時可以買」。

大多數人喜歡直接得到答案，如同喜歡問：「哪支股票可以買」，當你幫他找出了幾檔股票供他參考後，他會接著問你：「那什麼時候可以買？」

就算你回答了他這個問題，他還是會有下一個問題要問，不喜歡找答案的人或不主動找答案的人，永遠都不會知道答案在哪裡？只有當自己知道什麼情況出現才能買的時候，答案自然就會從腦袋裡浮出來。

複利式存股中已經教了你買進時機跟買進的方法，如果你沒有其他買進的方式，或許你可以先練習書中教你的這個方式，自然就會知道何時可以買。

≫ 金融股是傳統的存股標的，股價高還可以買嗎？

好股票都能買，重點在於價格。股價拉高後，對於想做存股的投資人還能不能買進？

股價高或不高，是當下投資人以現在價格跟過去價格做比較，現在認為的「高」，未來回頭來看算不算高，沒有人知道，但股票價格拉高對存股族來說，直接影響的是殖利率。再者是個人的價值判斷。

■ 理財 TIP

複利式存股標的基本條件

1. 過去 5 年公司都有配發股利
2. 公司獲利都為正數且非業外收益
3. 平均殖利率要高於 5%
4. 根據每季獲利預估，年獲利與過去 3 至 5 年獲利相當或超越

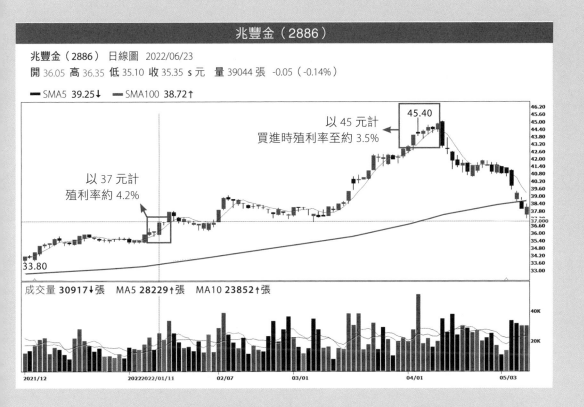

案例分析　兆豐金（2886）

以兆豐金（2886）為例，當股價在37元時，殖利率約4.2%左右，當股價漲到45元時，殖利率掉到約3.5%。

對存股族來說，買股票看的是長期投報，股價到45元之後會不會再漲，我不知道。但每年3.5%的殖利率，你滿不滿意、接不接受？

存股族優先要想的應該是每年會有多少殖利率，再去看股價會不會再漲，有漲最好，沒漲至少也還能賺到殖利率，所以如果不先注意殖利率，反而先想預測股價，那應該要考慮做短線交易而不是存股。

所以回過頭討論，身為存股族的你，在股價漲高後還可以買嗎？就看你對當時殖利率能不能接受。在台股市場隨便都能挑到 5% 至 7% 殖利率的股票，而你若要堅持要買股價漲高後，殖利率已在 4% 以下的股票，我不會說不行，但就怕萬一下跌，價差賠的還比殖利率還多。

金融股是不錯的存股標的，雖然平均殖利率略低於傳產或電子股的存股標的，但有些股票會配發股票股利，有「配發股票股利」是我選股時很喜歡的條件之一，因為能「積累股數」，這才是「存股」。

雖然複利式存股並不是以參加除權息為前提，不過萬一遇到需留下股票參加除權息的情況時，能配發股票股利的股票，還是會優於沒配發股票股利。而在殖利率的挑選上，金融股優先挑選 4.5% 以上的殖利率，若低於 4%，我會改挑選傳產或電子族群。

≫ 台積電適合複利式存股嗎？

符合條件者都可納入複利式存股的股票名單，股票照殖利率排名依序排列，殖利率高者優先觀察。

台積電在 2022 年 5 月 24 日收盤價 520 元，以此價格計算過去三年平均殖利率約 1.96%，五年平均殖利率約 1.79%，現在換我問你，在這價格當下，你對殖利率不到 2% 的股票有興趣嗎？如果有，當然可以按照複利式存股做法，出現買訊就進場，達到賣出條件就賣出。如果這殖利率不是你的菜，請直接跳「下一位……。」

有些人對於存股或者買股票會有特定的迷思，認為有名氣的，如台積電、鴻海，或者很賺錢的如聯發科、大立光，股價就不容易下跌，或者可以長抱。

對於也想挑選這類股票做存股的投資朋友，首先，我認同這些是好股票，不過殖利率是考量的因素。500 元左右的台積電，與 800 元左右的聯發科，平均殖利率大約在 1% 至 2%，這樣的殖利率對於想存股的人，想要盡快累積本金的人非常沒有吸引力。

如果要以抱著台積電是護國神山不會倒的心態投資的話，那我建議你不如去投資國有銀行股，報酬率還會比台積電高。

台積電（2330）

台積電（2330） 日線圖 2022/06/24
開 489.50 高 492.0 低 485.50 收 486.50 s 元 量 27781 張 +1.0（-0.21%）

━ SMA5 493.90↓ ━ SMA100 566.46↑

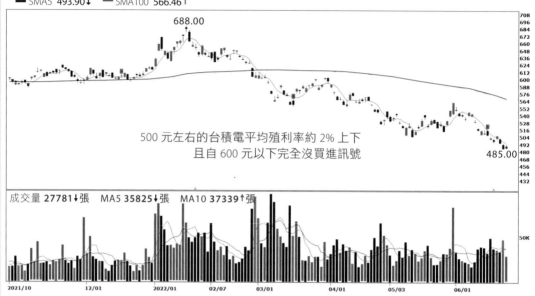

688.00

500 元左右的台積電平均殖利率約 2% 上下
且自 600 元以下完全沒買進訊號

485.00

成交量 27781↓張 MA5 35825↓張 MA10 37339↑張

聯發科（2454）

聯發科（2454） 日線圖 2022/06/24
開 682.00 高 696.00 低 669.00 收 670.00 s 元 量 14483 張 -19.00（-2.76%）

━ SMA5 774.80↓ ━ SMA100 929.03↓

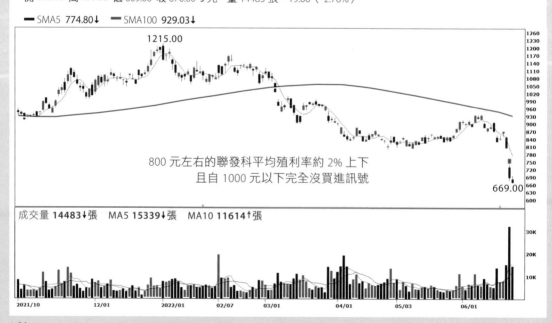

1215.00

800 元左右的聯發科平均殖利率約 2% 上下
且自 1000 元以下完全沒買進訊號

669.00

成交量 14483↓張 MA5 15339↓張 MA10 11614↑張

➤➤ 零股也能做複利式存股？

只能買零股的人更應該做複利式存股，加快累積本金是當務之急。

複利式存股在零股交易跟整張股票買進方式不同的地方，只在於投入的資金不同，所以買的股數也不同，在挑選股票與股票進場、出場的方式則完全一樣。而且零股交易盤中也能掛單買賣，不過零股買賣會因某些股票成交量較低，所以等候成交過程有時會花費較長時間等待，如果不願等待，為了要先買到零股，買進價格也容易買到高於當下整股交易的價格，這是零股交易上要注意的地方。

零股如何做？

假設手上能投資的資金只有 3 萬元，而我們選上的 A 股票價格在 60 元，60 元表示買進 1 張 A 股票要 6 萬元，而 3 萬元的資金只能買 500 股（一張股票 1000 股），再扣除交易成本（手續費）大約只能買 498 股；如果手上只有 1 萬元可投資，能買進的股數大約落在 165 股左右，即資金越少，買進股數也越少。

零股買進後，若出現賣出的條件，按照出場方式賣出即可。零股也能做複利式存股。

只能買零股的朋友代表資金較少，資金少影響的是報酬金額低，所謂「本小利大利不大」，意思是本金小，就算給你賺到很高的利潤，也不是什麼大利潤。以本金只有 1 萬元，就算一年有 20% 的獲利，一年不過就賺 2000 元；如果本金有 100 萬，一年就算只有 10% 利潤，都有 10 萬元入袋，所以努力累積增加本金是複利式存股發展的方向。

你每月能存 3000 元來投資嗎？如果可以，那你一年應該有 3 萬 6 千元可投入，我幫你再去個尾數，每一年投資 3 萬即可，如果每年只投入 3 萬，按照一年有 2 次複利式存股的交易機會，約 12% 殖利率複利計算，十年後投入的本金 30 萬，而本金加利息會有接近 60 萬的金額（將近 100%），如果你持續下去，再做十年，效果將更為驚人，當然中途如果可投資金額增加，效果也就更顯著了。

【複利式存股零股累積本金的報酬整理】

年度	每年投入本金	每年度本金加利息	年度	每年投入本金	每年度本金加利息
1	30,000	33,600	6	30,000	272,670
2	30,000	71,232	7	30,000	338,991
3	30,000	113,380	8	3,0000	413,270
4	30,000	160,585	9	30,000	496,462
5	30,000	213,456	10	30,000	589,637

≫ 本金不多，應該集中投資，還是分散風險？

　　小資金者不適合分散投資，本小利大利不大，資金已不多再分散投資，會影響報酬。況且股票太分散，不但零散不好管理與報酬率不一外，太多股票也無法做到面面俱到，對我來說，分散風險是資金雄厚的投資人在做的事。

　　對很多已有正職工作的朋友來說，平常工作已把自己搞得筋疲力盡，如果下班後還要花時間研究多檔股票，收集資料不但變得繁雜，也容易讓人產生疲累，萌生「還是算了吧」的念頭。所以我看法是，本金不多的朋友應該「集中投資」，如果你一次只專心在一檔股票上，投入所有的資金與精神去研究，你會不會更慎重的看待？也因為專心在一檔股票上，若看到相關產業或公司的訊息，也會花心思去思考研究，一段時間後也能培養出股票的靈敏度，當公司有異狀時，才能夠適時做出判斷與處理。

　　複利式存股是縮短投資時間來滾出傳統存股該有的兩至三倍獲利，全心投入才有利加快累積。剛投入初期是最辛苦的，因為你本金小，就算讓你達成一年 12% 的獲利，賺的錢你也不覺得多。不過只要時間持續積累，成果就會慢慢出現。還是那句「本小利大利不大，本大利小利不小」，當後期本金變大時，隨便的一顆小果實也會讓人覺得很甜美。

4-2
所有的技術，都要有「心態和紀律」當基礎

學技術不難，難的是掌控好自己的心，因為心態和紀律都被「心」所掌控。

我有一位學員，上過我所有股市教學課程，在判斷分析上、個股適不適合投資、進出場或停損點位等已經都有自己的一套見解。

某天他跑來跟我討論一檔股票，想問我的看法，當時股價大約在220 元附近。

我回答他：「這是一個正在下跌趨勢的股票不太適合做多吧！」

他回答我說：「我知道。」

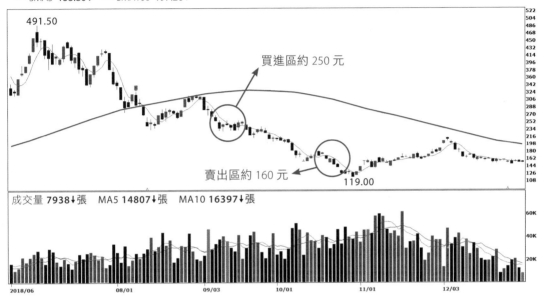

華新科（2492）

華新科（2492） 日線圖 2022/06/24
開 95.00 高 96.20 低 94.70 收 95.00 s 元 量 1577 張 +1.40（+1.50%）

■ SMA5 153.80↓ ■ SMA100 197.26↑

491.50

買進區約 250 元

賣出區約 160 元

119.00

成交量 7938↓張 MA5 14807↓張 MA10 16397↓張

不過他在 245 元至 250 元附近已融資買了十張，因為他認為這檔股票，從將近 500 元跌到 250 元附近股價已經腰斬，應該有機會有一波反彈，他想要搶賺這個反彈。

我問他：「你有設停損點嗎？」他回答我：「設定跌破 235 元要賣出。」

我問他那為何到現在還沒賣，他解釋說，某一天尾盤忽然快速下跌，等他發現時價格已在 225 元至 220 元間，這個價格離他預計停損的價格落差太大。一看到虧損的數字，他賣不下去，因為已遠遠超出他原本預計虧損的金額，他心裡想著：「那就稍微再等一下」。

　　他想等股價有再上漲一些時再來賣，結果股價這一跌就沒有再往上漲，而當股價來到 200 元時，股價下跌幅度已超過 20%，而他融資買進的實際虧損已達 50%，他很恐懼，想跟我討論還要不要留。

　　其實他已經知道股票不能留，也知道要停損，從股價跌破 220 元，一直漲不回去，就知道股票已經不對了、要賣了。可是他卻沒有去執行賣出，**因為心態的問題影響了紀律的執行。**

處理股票的心態
也是面對人生的練習

你說這位老手不懂技術分析嗎？他懂，也知道該出場，可是大幅虧損已嚴重影響到心態。最後他還是賣出了，在承受大幅虧損下，人的精神也都處於緊繃、無法放鬆、擔心害怕的狀態，後續又出現幾個大跌的走勢，最後崩潰的賣出了所有持股。

心態不對時，人都寧願相信自己是對的，也不願去相信自己看到的。在不順或逆境的時候，更能檢視自己心態，心態跟紀律不是教學課，是體驗課。

股市中總是充滿了「變數」，如果事情都有照預期走，那很好。如果不是的話，如何讓「心」冷靜、穩定下來，重新檢視，不讓困難的問題變得更困難。這已不是股市技術的問題，這也是面對人生的練習題，因為我常認為，處理股票的方式就是自己面對人生的方式。

股票市場是「人」交集的市場，上漲與下跌的背後都有人心的意圖與動機，這些意圖與動機會呈現在圖表上。

人會有模式與慣性，所以圖表也會出現類似的模式與慣性，如果交易能不被影響，交易就只是單純交易。

但人總是會有情緒，總是會有身體不舒服，或是心情覺得低落，或可能跟愛人吵架；甚至是因為家裡那隻貓，把剛剛泡好放在桌上的咖啡推到地上，然後，情緒帶到股市交易中。

　　每個人的心理素質、觀點、個性……等都不同，所以對待交易時的態度、面對漲跌的反應、承受虧損的壓力和能力、等待到達目標時的耐心等等，都會是影響整體交易的結果。

　　股市可以說是玩弄人心的地方，會運用人的恐懼與貪婪，來引誘投資人買進或賣出股票。所以說，學會投資股票不難，難的是人在面對投資時的心態。

遵守紀律
才是真正的贏家

　　股市沒有完美的決策，因為股票市場也是瞬息萬變，當股價走勢不如預期，我們是否能耐心等待？當公司產業發生變化，獲利出現衰退，哪怕過去是績優好學生，我們是否能遵守進場條件？

　　短線交易最重視的紀律，在複利式存股更是金科玉律，該出場時願不願意出場。還沒出現買進訊號時，會不會因為高殖利率與預估獲利達到水準，可是在技術面尚未出現進、出場訊號時，就急於買進或賣出。

　　遵守紀律能讓我們穩健的累積財富，或許有時難免會遇到賣出股票後又續漲而少賺的情況，但很多時候你回頭看，照紀律賣出的股票，一段時間後，是不是也跌至你賣出的股價之下。

　　有些人可能不遵守紀律也還是可以賺到錢，問題在於這些人分不清楚什麼時候算是處在安全的環境中；什麼時候會有立即性的危險。

　　如果有人曾經在市場上作出錯誤的決定（不遵守紀律停損），還因此得到獎勵（獲利），以人性的角度來看，多數就會重複這個讓他賺到錢的決策，日後可能會因此得到教訓，短時間內或許看不出紀律

重要性，但長期來看，它是致命的。

雖然我上課教學多以短線投資的交易技巧為主，但這卻不是一本教你短線交易的書，不過投資的心態與紀律都是相同的。

在股市中，散戶並非總是輸家，只不過市場總會有誘惑，引誘你做更頻繁的交易，讓你在恐懼中賣出持股，貪婪中買進股票。如果過去你在短線交易市場做不順利，有可能是你的「投資週期」不適合你。

或許我們可以試著把交易時間拉長些，找出穩健的股票，遵守進出場的系統與紀律，用時間累積財力，不急於當下就要有什麼偉大的成果。把目標放眼五年或十年後，你戶頭該有的數字，這種看似慢的投資，其實賺錢最快。

喬哥理財筆記

面對股市就像是面對人生，禍兮福之所倚、福兮禍之所伏，低潮結束就是高潮的開始，進入低潮就是準備邁向另一個高潮。

年賺 18% 的複利式存股

薪水救星喬哥教你選對穩賺股，飆速累積本金，放大資產

作　　者／「籌碼喬哥的股市學堂」喬哥
責任編輯／鍾宜君
協力編輯／劉佳玲
封面設計／葉馥儀
內文排版／王氏研創藝術有限公司

出　　版／境好出版事業有限公司
總 編 輯／黃文慧
副總編輯／鍾宜君
行銷企畫／胡雯琳

地　　址／10491 台北市中山區復興北路 38 號 7F 之 2
粉 絲 團／https://www.facebook.com/JinghaoBOOK
電子信箱／JingHao@jinghaobook.com.tw
電　　話／(02)2516-6892
傳　　真／(02)2516-6891

發　　行／采實文化事業股份有限公司
地　　址／10457 台北市中山區南京東路二段 95 號 9 樓
電　　話／(02)2511-9798
傳　　真／(02)2571-3298
采實官網／www.acmebook.com.tw

法律顧問／第一國際法律事務所　余淑杏律師

定　　價／380 元
初版四刷／2022 年 11 月
ISBN ／ 978-626-7087-49-7（平裝）

國家圖書館出版品預行編目資料

年賺 18% 的複利式存股：薪水救星喬哥教你選對穩賺股，飆速累積本金，放大資產 / 喬
哥著 . -- 初版 . -- 臺北市：境好出版事業有限公司出版：采實文化事業股份有限公司發
行，2022.08
176 面；17X23 公分 . -- (business；6)
ISBN 978-626-7087-49-7(平裝)
1.CST: 股票投資 2.CST: 投資技術 3.CST: 投資分析

563.53   111010598

NOTE

第一、四季持股獲利記錄

代號	名稱	買進價位 (元)	預估殖利率 (%)	達標價位 (元)	技術分析賣訊	備註
				☐ A ☐ B		
				☐ A ☐ B		
				☐ A ☐ B		
				☐ A ☐ B		
				☐ A ☐ B		

【技術分析賣出訊號】
Ⓐ 股價沿 5 日線上漲，跌破 5 日線後，隔日收盤站不上 5 日線
Ⓑ 股票獲利達預期殖利率後，連 2 天出現黑 K 線

第二、三季買進標的記錄名單

代號	名稱	股價	殖利率 (%)		EPS (元)		今年 EPS			買訊 ABC	備註
			3 年	5 年	3 年	5 年	Q1	Q2	Q3		
										☐ A ☐ B ☐ C	
										☐ A ☐ B ☐ C	
										☐ A ☐ B ☐ C	
										☐ A ☐ B ☐ C	

【買訊 ABC】

Ⓐ 股價是否在 100 日線上

Ⓑ 5 日線是否在 100 日線上，或即將超越 100 日線

Ⓒ 紅 K 實體有 2 分之 1 在 5 日線上

第一、四季持股獲利記錄

代號	名稱	買進價位（元）	預估殖利率（%）	達標價位（元）	技術分析賣訊	備註
					□ A □ B	
					□ A □ B	
					□ A □ B	
					□ A □ B	
					□ A □ B	

【技術分析賣出訊號】

🅐 股價沿 5 日線上漲，跌破 5 日線後，隔日收盤站不上 5 日線

🅑 股票獲利達預期殖利率後，連 2 天出現黑 K 線

第二、三季買進標的記錄名單

代號	名稱	股價	殖利率 (%)		EPS (元)		今年 EPS			買訊 ABC	備註
			3 年	5 年	3 年	5 年	Q1	Q2	Q3		
										□ A □ B □ C	
										□ A □ B □ C	
										□ A □ B □ C	
										□ A □ B □ C	

【買訊 ABC】

Ⓐ 股價是否在 100 日線上

Ⓑ 5 日線是否在 100 日線上，或即將超越 100 日線

Ⓒ 紅 K 實體有 2 分之 1 在 5 日線上

第一、四季持股獲利記錄

代號	名稱	買進價位 (元)	預估殖利率 (%)	達標價位 (元)	技術分析賣訊	備註
					☐ A ☐ B	
					☐ A ☐ B	
					☐ A ☐ B	
					☐ A ☐ B	
					☐ A ☐ B	

【技術分析賣出訊號】

Ⓐ 股價沿 5 日線上漲，跌破 5 日線後，隔日收盤站不上 5 日線

Ⓑ 股票獲利達預期殖利率後，連 2 天出現黑 K 線

第二、三季買進標的記錄名單

代號	名稱	股價	殖利率 (%)		EPS (元)		今年 EPS			買訊 ABC	備註
			3 年	5 年	3 年	5 年	Q1	Q2	Q3		
										☐ A ☐ B ☐ C	
										☐ A ☐ B ☐ C	
										☐ A ☐ B ☐ C	
										☐ A ☐ B ☐ C	

【買訊 ABC】

Ⓐ 股價是否在 100 日線上

Ⓑ 5 日線是否在 100 日線上，或即將超越 100 日線

Ⓒ 紅 K 實體有 2 分之 1 在 5 日線上

第一、四季持股獲利記錄

代號	名稱	買進價位 (元)	預估殖利率 (%)	達標價位 (元)	技術分析賣訊	備註
					☐ A ☐ B	
					☐ A ☐ B	
					☐ A ☐ B	
					☐ A ☐ B	
					☐ A ☐ B	

【技術分析賣出訊號】

Ⓐ 股價沿 5 日線上漲，跌破 5 日線後，隔日收盤站不上 5 日線

Ⓑ 股票獲利達預期殖利率後，連 2 天出現黑 K 線

第二、三季買進標的記錄名單

代號	名稱	股價	殖利率 (%)		EPS (元)		今年 EPS			買訊 ABC	備註
			3 年	5 年	3 年	5 年	Q1	Q2	Q3		
										□ A □ B □ C	
										□ A □ B □ C	
										□ A □ B □ C	
										□ A □ B □ C	

【買訊 ABC】

Ⓐ 股價是否在 100 日線上

Ⓑ 5 日線是否在 100 日線上，或即將超越 100 日線

Ⓒ 紅 K 實體有 2 分之 1 在 5 日線上

第一、四季持股獲利記錄

代號	名稱	買進價位（元）	預估殖利率（%）	達標價位（元）	技術分析賣訊	備註
					☐ A ☐ B	
					☐ A ☐ B	
					☐ A ☐ B	
					☐ A ☐ B	
					☐ A ☐ B	

【技術分析賣出訊號】

Ⓐ 股價沿 5 日線上漲，跌破 5 日線後，隔日收盤站不上 5 日線

Ⓑ 股票獲利達預期殖利率後，連 2 天出現黑 K 線

第二、三季買進標的記錄名單

代號	名稱	股價	殖利率 (%)		EPS (元)		今年 EPS			買訊 ABC	備註
			3 年	5 年	3 年	5 年	Q1	Q2	Q3		
										□ A □ B □ C	
										□ A □ B □ C	
										□ A □ B □ C	
										□ A □ B □ C	

【買訊 ABC】

Ⓐ 股價是否在 100 日線上

Ⓑ 5 日線是否在 100 日線上，或即將超越 100 日線

Ⓒ 紅 K 實體有 2 分之 1 在 5 日線上

第一、四季持股獲利記錄

代號	名稱	買進價位（元）	預估殖利率（%）	達標價位（元）	技術分析賣訊	備註
					□ A □ B	
					□ A □ B	
					□ A □ B	
					□ A □ B	
					□ A □ B	

【技術分析賣出訊號】
Ⓐ 股價沿 5 日線上漲，跌破 5 日線後，隔日收盤站不上 5 日線
Ⓑ 股票獲利達預期殖利率後，連 2 天出現黑 K 線

第二、三季買進標的記錄名單

代號	名稱	股價	殖利率 (%)		EPS (元)		今年 EPS			買訊 ABC	備註
			3 年	5 年	3 年	5 年	Q1	Q2	Q3		
										☐ A ☐ B ☐ C	
										☐ A ☐ B ☐ C	
										☐ A ☐ B ☐ C	
										☐ A ☐ B ☐ C	

【買訊 ABC】

Ⓐ 股價是否在 100 日線上

Ⓑ 5 日線是否在 100 日線上，或即將超越 100 日線

Ⓒ 紅 K 實體有 2 分之 1 在 5 日線上

範例：第一、四季持股獲利名單記錄

代號	名稱	買進價位 (元)	預估殖利率 (%)	達標賣出價位 (元)	技術分析賣訊	備註
3088	艾訊	60 元	6%	64 元	Ⓐ 跌破 5 日線 Ⓑ 雙黑 K	已於 64 元出場
6115	鎰勝	43.1 元	7%	46 元		2022 年已參與除權息，7%達標價可改 43.2 元

「通常」每年第一季（1至3月）是複利式存股的賣出時機，為了提高獲利率，會有兩個個出場方式：

Ⓐ 達標（達預估殖利率）後賣出。

Ⓑ 達標後看好後市，改為技術面賣出。

若轉為技術面賣出時，則須注意技術分析賣出訊號。

【技術分析賣出訊號】

Ⓐ 股價沿 5 日線上漲，跌破 5 日線後，隔日收盤站不上 5 日線

Ⓑ 股票獲利達預期殖利率後，連 2 天出現黑 K 線

範例：第二、三季選股買進名單記錄

代號	名稱	股價	殖利率 (%)		EPS (元)		今年 EPS			買訊 ABC	備註
			3 年	5 年	3 年	5 年	Q1	Q2	Q3		
9943	好樂迪	55元	8.65	8.1	3.44	4.23				☐ A ☐ B ☑ C	已除權息

第二季財報公布，是首次選股時機，先看殖利率是否符合標準，再看獲利是否有達到過去三～五年的每年平均獲利水準，有達到或超越就選入，預估獲利達不到就剔除，等買訊出現時就可以正式買入。

【確認是買進技術分析要件】
Ⓐ 股價是否在 100 日線上
Ⓑ 5 日線是否在 100 日線上，或即將超越 100 日線
Ⓒ 紅 K 實體有 2 分之 1 在 5 日線上

【手帳使用說明】

⑤ 複利式存股的獲利方程式 ⑤

1	**2**	**3**	**4**
第一季 觀察	第二季 選股	第三季 買進	第四季 財報公布前 出場

學會複利式存股的第一步，就是勤做功課，透過每年更新的財報數字，和技術分

析的訊號確認，讓你穩穩賺進自己 18%。